DANS LE CYBERESPACE, PERSONNE NE VOUS ENTEND CRIER

Du même auteur :

Comment Microsoft a fait main basse sur votre ordinateur, le complot de Bill Gates, Éditions Assouline, 1999.

Gilles Fontaine

DANS LE CYBERESPACE, PERSONNE NE VOUS ENTEND CRIER

JC Lattès

Maquette de couverture : Le Petit Atelier

ISBN : 978-2-7096-6164-5

Première édition septembre 2018.

Pour Sabine.

INTRODUCTION

Un vent de panique a soufflé sur Internet. Au mois de mai, puis à la fin juin 2017, deux cyberattaques d'une ampleur sans précédents ont provoqué des ravages sur les réseaux. En quelques heures, partout dans le monde, des millions d'ordinateurs ont été piratés : toutes les données stockées sur leur disque dur ont été encryptées, quand elles n'ont pas été purement et simplement détruites. Pour récupérer leurs précieuses informations, les victimes ont dû payer des rançons de plusieurs centaines d'euros en cryptomonnaie.

La capacité destructrice de programmes utilisés par les pirates et la rapidité de leur propagation ont donné des sueurs froides aux spécialistes en sécurité informatique : avec ces deux phénomènes survenus à quelques mois d'intervalle, la cybercriminalité est entrée dans un autre âge. Grandes entreprises, gouvernements ou simples particuliers, plus personne ne peut désormais prétendre échapper à la menace. Les logiciels malveillants sont de plus en plus nombreux, des centaines de milliers de nouveaux malwares et virus, plus ou moins nocifs, sont découverts chaque jour. Des millions de machines sont infestées à l'insu de leurs utilisateurs et exploitées par des pirates pour lancer des attaques d'envergure sur Internet.

Avec la généralisation de l'usage des smartphones, reliés en permanence au cyberespace, il n'aura fallu que quelques années pour que les protections classiques, de type antivirus, se révèlent inefficaces. L'imagination et la créativité des hackers sont sans limites. Leurs moyens sont de plus en plus importants et leur terrain de jeu est infini. Le danger ne vient plus seulement de jeunes geeks passionnés d'informatique qui s'amusent à pirater les systèmes d'information des grandes administrations par défi et par jeu. Les mafias et gangs criminels du monde entier trouvent dans le cyberespace le moyen de maximiser leurs profits tout en minimisant le risque d'être pris. Les activistes y voient un moyen pratique et efficace de diffuser leurs messages. Les États le considèrent comme un nouveau terrain opérationnel et se dotent d'unités de cybersoldats d'élite et de stocks d'armes de destruction massive.

Pire encore que cette déferlante dévastatrice, c'est l'ignorance du public qui inquiète le plus les spécialistes en cybersécurité. Dès qu'un appareil embarque des lignes de code, il y a risque de piratage. Si la connexion se fait par les ondes plutôt que par câble, la menace est démultipliée. Et lorsqu'un être humain est aux commandes, tous les signaux passent au rouge.

La plupart des attaques s'appuient sur ce maillon faible : derrière son ordinateur ou en pianotant sur son smartphone, l'homme agit le plus souvent en dépit du bon sens. De plus en plus connectés, de plus en plus dépendants de leurs appareils électroniques et des services en ligne, les consommateurs adoptent ces nouvelles technologies d'information et de communication sans retenue, sans recul et sans protection. Les experts comparent notre civilisation digitale aux sociétés du XVIIIe siècle, avant que les règles d'hygiène les plus élémentaires ne commencent à être respectées, bien avant l'invention des vaccins.

L'avènement des réseaux sociaux sert d'accélérateur à toutes ces cybermenaces. La plupart des individus font plus confiance aujourd'hui à leurs centaines d'amis sur Facebook ou Instagram – des amis qu'ils n'ont le plus souvent jamais rencontrés – qu'à leurs proches, dans la vraie vie. Ainsi se propagent les arnaques en tout genre, les virus et les fausses nouvelles. Les *fake news* se construisent à échelle industrielle en s'appuyant sur la puissance de feu de ces plateformes sociales.

La désinformation est devenue l'une des armes les plus sophistiquées des cyberarsenaux des grandes nations. L'élection de Donald Trump à la Maison-Blanche ou le vote en Grande-Bretagne sur le Brexit ont donné lieu à de formidables campagnes de *fake news*, alimentées par des dizaines de milliers de faux comptes sur Twitter ou Facebook.

Ces attaques sophistiquées ne sont plus seulement l'apanage des États ou du crime organisé. Avec la démocratisation des outils technologiques, n'importe qui peut aujourd'hui lancer son opération malveillante ou construire son petit business frauduleux. C'est la magie du cyberespace. Dans le darknet, la face cachée du réseau mondial, des dizaines de supermarchés du crime proposent à la vente toute la panoplie du cyberdélinquant : identités numériques volées, virus et malwares, failles de sécurité… le tout est fourni avec certificat d'authenticité et service après-vente. Le cybercrime est désormais à la portée de tous.

CHAPITRE 1

FAKE NEWS ARME DE MANIPULATION MASSIVE

> « Les médias, c'est comme la météo, sauf que c'est de la météo fabriquée par l'homme. »
>
> Mickey – *Tueur nés*

Ron Klain est une personnalité influente à Washington. Aujourd'hui associé du fonds d'investissement Revolution – fondé par le créateur d'AOL Steve Case –, il a mené l'essentiel de sa carrière au service de l'administration américaine. Son réseau professionnel et amical est l'un des plus puissants de la capitale américaine. Il est considéré par beaucoup comme l'un des meilleurs spécialistes des médias, un expert de la communication politique. Ce « spin doctor » de cinquante-six ans a été l'un des artisans des victoires de Bill Clinton puis de Barack Obama à l'élection présidentielle, avant d'échouer aux côtés d'Hillary Clinton dans sa dernière campagne.

L'équipe d'Emmanuel Macron s'est largement inspirée de son expérience pour sa conquête de l'Élysée. Les enseignements tirés de l'échec de la candidate démocrate lui ont certainement permis de ne pas tomber dans les mêmes pièges face à la candidate du Front national, Marine Le Pen. Mais Ron Klain a fait encore mieux. Au mois de janvier, il a eu une discussion avec son ami Philippe Bourguignon, l'ancien patron du Club Med et de Disneyland Paris, qui a rejoint le fonds Revolution en 2005. Et l'homme n'y est pas allé par quatre chemins : « Dis à ton copain Macron de faire attention aux Russes. » Avant de lui fournir en détail les preuves qu'une opération de grande envergure est en train de se monter, une campagne de *fake news*, touchant notamment la vie privée du candidat, pour saboter sa campagne présidentielle.

Les attaques sont relayées par plusieurs médias russes dont l'agence Sputnik, réputée très proche du pouvoir russe, la chaîne d'informations Russia Today, rebaptisée depuis RT, mais aussi Wikileaks, l'organisation de Julian Assange, qui publiera des milliers de mails des membres de l'équipe d'En Marche. Le tout est massivement diffusé sur les réseaux sociaux, en particulier sur Twitter.

La campagne présidentielle française a fait l'objet de manipulations multiples. L'agence Reuters a révélé que des dizaines de faux comptes Facebook avaient été créés par les services de renseignement russes, dont les faux titulaires ont cherché à devenir amis avec des amis d'Emmanuel Macron. Selon les témoignages anonymes de membres du Parlement américain, le but de la manœuvre était de se rapprocher au plus près de l'équipe du candidat pour collecter des informations sur sa stratégie de campagne, mais également tenter de diffuser un virus auprès de ses proches pour pirater leurs outils de communication digitaux.

Ces élus américains savent de quoi ils parlent : le Parti démocrate américain a vécu l'enfer, comme l'a raconté Hillary Clinton en mai 2017 au cours de la conférence Code, à Rancho Palos Verdes, en Californie. L'ancienne candidate à la Maison-Blanche estimait avoir été la cible d'une campagne sans précédent de *fake news* et d'ingénierie sociale sur Facebook, orchestrée par des agents russes et des armées de bots. «À travers des fermes de contenus, à travers des investissements énormes en impostures ou *fake news*, appelez cela comme vous voulez – mensonges –, l'autre côté utilisait des informations me concernant totalement fausses et les diffusait audessus et en dessous du radar.»

Au mois de janvier de la même année, un document déclassifié signé du directeur du renseignement national, James Clapper, affirmait que dix-sept agences de renseignement avaient conclu à une ingérence russe dans la campagne présidentielle américaine de 2016. Une guerre de l'information avait été déclenchée, pour perturber le programme de l'ancienne sénatrice et inciter, selon elle, ses électeurs à ne pas aller voter.

En France, les collaborateurs d'Emmanuel Macron ont pu éviter le pire. Ron Klain a orienté l'équipe de campagne vers l'une de ses connaissances, un ancien des services de renseignements britanniques. L'homme est un spécialiste de ces situations de communication de crise doublé d'un fin connaisseur des techniques de désinformation sur Internet et les réseaux sociaux. Ironie du sort, c'est aussi un ex-agent secret britannique qui avait été payé par le camp républicain puis par les démocrates, durant la campagne américaine, pour préparer un document de trente-cinq pages accusant Donald Trump d'être sous l'influence du gouvernement russe. Le futur président avait alors hurlé aux *fake news*…

Après l'élection américaine, fin 2016, les représentants des différents partis politiques français ont été invités à une séance de briefing par l'Agence nationale de la sécurité des systèmes d'information (ANSSI). Objectif : leur décrire ce qui venait de se passer de l'autre côté de l'Atlantique. « Une équipe de campagne, c'est comme une PME temporaire qui ne prend pas en compte le cyberrisque, explique Guillaume Poupard, le patron de ce service rattaché à Matignon. Il est impossible d'éviter les attaques, mais il est possible d'en limiter les effets. » D'expérience, ce polytechnicien spécialiste en cryptographie sait que le risque principal réside dans la politique de communication de crise qui se met en place dans les heures qui suivent une attaque ou un vol de données. Dans l'univers du business, sur les plus grosses affaires, il intervient en direct avec ses équipes auprès des comités de direction des entreprises, atteintes dans leur réputation au moment d'une OPA ou d'une compétition pour un gros marché.

« Nous savions que nous étions à risque dès que nous avons démarré la campagne, raconte aujourd'hui un membre de l'équipe. Les *fake news* ont commencé à se diffuser et les attaques sur nos serveurs se sont multipliées, les deux éléments se sont rejoints de façon symbiotique. » En guise de protection, un dispositif de floutage a été mis en place, de sorte que si des données étaient dérobées, les hackers se retrouveraient en possession d'un mélange de vraies et de fausses informations.

Au fil de la campagne, une galaxie de faux comptes s'est mise en place sur les réseaux sociaux, et notamment des « comptes Bioman », moitié humain, moitié robot. L'utilisateur existe bel et bien et diffuse des *fake news* mais utilise un programme informatique pour diffuser ses nouvelles de façon industrielle – plusieurs milliers de tweets ou de posts par jour.

Durant ces tentatives de déstabilisation, l'entourage d'Emmanuel Macron était convaincu de ne pas avoir eu affaire à un État mais plutôt à « une coalition de choses et d'individus », selon un proche du président. Le mouvement d'Emmanuel Macron s'est fait dérober neuf gigaoctets de données quarante-huit heures avant le second tour. Du jamais-vu dans l'histoire politique française. « Ils avaient deux heures pour réagir sur l'attaque, raconte Guillaume Poupard. Cela faisait des mois qu'ils s'y préparaient. » Cette fois, les *fake news* se sont instantanément dissipées.

Emmanuel Macron aura tout de même l'occasion de mettre les choses au clair, quelques semaines plus tard, lors du Sommet franco-russe de Versailles, le 29 mai. Au cours de sa conférence de presse commune avec Vladimir Poutine, le nouveau président français est interpellé par une journaliste de la télévision russe RT, qui lui reproche d'avoir exclu de sa campagne électorale les journalistes de sa rédaction ainsi que ceux de l'agence de presse multimédia Sputnik, tous deux financés par le gouvernement russe. Devant un chef du Kremlin tout penaud, il ne mâche pas ses mots : « Quand des organes de presse répandent des contre-vérités infamantes, ce ne sont plus des journalistes, ce sont des organes d'influence. Russia Today et Sputnik ont été des organes d'influence et de propagande pendant la campagne qui ont produit des contre-vérités sur ma personne. »

Le torpillage de la campagne présidentielle d'Hillary Clinton en 2016 ou les tentatives d'ingérence dans la course à l'Élysée en 2017 illustrent l'extrême fragilité des États, des entreprises ou des individus face à la propagation de fausses nouvelles, par des organisations plus ou moins bien structurées. En novembre 2016, le groupe de BTP Vinci avait vu sa capitalisation boursière fondre de sept milliards d'euros en quelques secondes après la publication d'un faux communiqué de presse, très réaliste, inquiétant sur sa situation financière. L'opération a été revendiquée par un groupe de hackers voulant manifester son opposition au projet d'aéroport de Notre-Dame-des-Landes, dont Vinci était, à l'époque, l'un des contractants.

Les milieux économiques sont particulièrement visés par ces techniques de désinformation. Quoi de plus simple que de déstabiliser une société ciblée par une OPA ou d'influer sur une opération en cours de fusion-acquisition entre deux groupes, en distillant savamment des histoires fausses.

Bertrand Girin a beaucoup étudié ce phénomène des fausses nouvelles et leur fabrication au cours de sa carrière. Il est cofondateur de Reputation VIP, une société lyonnaise qui aide les entreprises aussi bien que les particuliers à surveiller leur réputation sur Internet et sur les réseaux sociaux. « Les deux ressorts des *fake news* sont le pouvoir et l'argent, c'est vieux comme l'humanité », explique-t-il. Et pour cet expert en guerre de l'information, les techniques utilisées par ceux qui propagent des fausses nouvelles ne sont pas très éloignées de celle employées par les groupes mafieux. « Les fausses nouvelles sont comme l'argent sale : il faut réussir à les blanchir pour les rendre crédibles. » Colportée de forum en forum, une *fake news* commence par paraître vraie. Ajoutez-y des faux sites d'informations en ligne et quelques campagnes d'e-mailing bien ciblées et la mayonnaise prend à coup sûr.

Les réseaux sociaux sont de formidables blanchisseuses d'informations bidon. Comment ne pas croire ce que disent vos « amis » ? Pour renforcer la crédibilité d'une *fake news*, rien de tel qu'un vrai faux article sur Wikipédia. Selon le fondateur de Reputation VIP, des centaines d'agents « dormants » se dissimuleraient depuis des années parmi les millions de contributeurs référencés et sortent de leur silence pour rédiger une note orientant l'opinion des internautes. Ces pratiques ne constituent que quelques composantes du formidable arsenal déployé en 2016 et 2017 par des bandes de hackers en Europe et aux États-Unis.

Le 13 juillet, une dizaine de militaires russes ont été inculpés par la justice américaine pour avoir piraté les ordinateurs du parti démocrate américain afin d'y voler des informations et les publier pour perturber l'élection présidentielle. Tous sont membres du GRU, les services de renseignement militaires russes. Quelques mois plus tard, le 16 février 2018, treize ressortissants russes ont été accusés par un jury fédéral américain d'ingérence dans la campagne présidentielle de 2016. Trois entreprises russes sont également poursuivies dans cette affaire par la justice américaine. Toutes sont la propriété de Yevgeni Viktorovitch Prigozhin, un homme d'affaires proche de Vladimir Poutine, propriétaire de Concord, un groupe établi à Saint-Pétersbourg, qui possède plusieurs restaurants et chaînes de traiteurs. L'acte d'accusation allègue que « les conspirateurs russes veulent promouvoir la discorde aux États-Unis et saper la confiance de l'opinion publique dans la démocratie. » L'équipe du procureur spécial Robert Mueller a effectué des recherches pendant plus d'un an sur les ingérences russes dans la campagne présidentielle. Selon la presse américaine, Donald Trump aurait vainement tenté de démettre de ses fonctions cet enquêteur chevronné, ancien patron du FBI de 2001 à 2013.

Le document de trente-sept pages qui ressort de ses recherches ne révèle pas de liens entre les « conspirateurs russes » et l'équipe de campagne de Donald Trump, mais il affirme qu'ils soutenaient, à partir de mi-2016, la candidature du représentant républicain. Objectif : démolir la candidature d'Hillary Clinton par tous les moyens possibles, y compris en soutenant la candidature de Berny Sanders, son opposant à la primaire démocrate. Surtout, cet acte d'accusation fournit de précieuses informations sur le mode opératoire de ces guerriers de l'information.

Durant plusieurs mois, les agents russes ont agi sur les réseaux sociaux sous le couvert de centaines de faux comptes représentant de vrais Américains ou des personnalités fictives. Leurs messages jouaient sur les thèmes les plus sensibles de la campagne : l'immigration, notamment musulmane, le mouvement Black Lives Matter, ou la religion. Les enquêteurs ont intercepté un message envoyé à un membre de sa famille par l'un de ces comploteurs, une dénommée Irina Viktorovna Kaverzina : « Je créais toutes ces photos et tous ces commentaires et les Américains pensaient qu'ils avaient été envoyés par l'un des leurs. »

Au besoin, les agents russes payaient aussi des publicités sur les réseaux sociaux, contenant des slogans très ciblés, très directs. Dans un message sponsorisé posté sur Facebook par « Army of Jesus », on peut voir le diable en plein bras de fer avec Jésus s'exclamant : « Si je gagne, Clinton gagne ! »… « Pas si je l'empêche », répond Jésus. Au moins treize de ces publicités auraient été identifiées durant la campagne. La même équipe était également capable de mobiliser les foules *via* leurs centaines de faux comptes sur les réseaux sociaux pour participer à des meetings un peu partout dans le pays. Juste après l'élection et la victoire de Donald Trump, deux meetings ont été organisés le même jour, le 12 novembre, dans Manhattan, la ville du président. L'un appelait à le soutenir tandis que l'autre appelait à manifester autour du slogan : « Trump is NOT my president. » Juste histoire de se rappeler au bon souvenir du nouvel hôte de la Maison-Blanche.

L'acte d'accusation décrit une organisation très bien structurée, comme une véritable entreprise dans laquelle chacun connaît parfaitement son métier et l'exécute à la perfection : graphisme, analyse de données, développement logiciel… Et bien sûr, les équipes se relayaient jour et nuit pour maintenir en permanence la pression. Tous travaillaient apparemment pour la même entité : l'Internet Research Agency, une *troll factory*, véritable usine à *fake news*, que les Américains ont localisée dans les faubourgs de Saint-Pétersbourg. Ce nom a forcément éveillé quelques souvenirs à Duval Arthur, ancien directeur de la Sécurité intérieure et de la préparation aux situations d'urgence, pour la ville de Saint Mary Parish, grosse bourgade industrielle de Louisiane.

Ex-flic, ancien sous-officier de la police militaire, Duval Arthur a tout du personnage de polar à la James Lee Burke. Regard triste et clair, carrure imposante, l'homme a traîné sa lourde carcasse un peu partout en Louisiane, au cours de ses plus de quarante ans de carrière, avant de s'installer à Saint Mary Parish, une petite ville industrielle posée sur les bords du golfe du Mexique, à une centaine de kilomètres à l'ouest de La Nouvelle-Orléans. Ses 54 000 habitants vivent un peu de la pêche et beaucoup de l'activité des usines pétrochimiques installées dans le coin. La présence de ces sites sensibles a justifié la création d'un bureau de la Sécurité intérieure – la Homeland Security –, dont Duval Arthur a pris les commandes en 2001, à l'âge de cinquante-quatre ans. Protéger ces installations et prévenir les catastrophes constituent une partie essentielle de son boulot.

Le 11 septembre 2014, à 8 h 30 du matin, il terminait tranquillement son café quand son téléphone s'est mis a sonné. Au bout du fil, un habitant paniqué lui demandait des informations sur l'explosion à l'usine Columbian Chemicals. Comme des milliers d'autres riverains de l'installation, il venait de recevoir un SMS pour le moins inquiétant : « Alerte danger de fumée toxique dans cette zone jusqu'à 13 h 30. Mettez-vous à l'abri. »

Le message paraissait authentique, mais Duval Arthur n'avait été averti d'aucune catastrophe et, après une rapide vérification, l'usine en question tournait parfaitemet bien ce matin-là. L'entreprise Columbian Chemicals a d'ailleurs rapidement communiqué sur Internet et les réseaux sociaux pour éteindre l'incendie médiatique. Le policier a d'abord cru à une bévue de l'un de ses collaborateurs qui aurait déclenché par erreur la procédure d'urgence en cas d'incident grave dans le secteur. En réalité, la ville de Saint Mary Parish était attaquée. Pourtant pas d'avion, de camion suicide ou de terroristes armés de fusils d'assaut flinguant à tout va dans les rues. En quelques heures, la petite ville de Louisiane est devenue la cible d'une cyberoffensive en règle. Pendant que Duval Arthur tentait de comprendre la situation, des centaines de messages étaient relayés sur Twitter, relatant une explosion dans l'usine #ColumbianChemicals. Le hashtag est vite monté dans les *trending topics*, les sujets tendances du réseau social, avec de vrais faux utilisateurs témoignant sur l'événement, certains publiant même des photos de l'usine en flamme. La capture d'écran d'une fausse page d'accueil du site Internet de CNN relatant la catastrophe commençait même à circuler. Et bien sûr, une vidéo n'a pas tardé à faire son apparition sur YouTube : la courte séquence montrait un poste de télévision ouvert sur une chaîne en langue arabe diffusant la revendication d'un groupe d'hommes armés et masqués se réclamant de l'État islamique.

L'affaire Saint Mary Parish est beaucoup plus qu'un énorme canular. Tout était fabriqué depuis l'explosion de l'usine jusqu'aux témoignages sur les réseaux, les images de l'incendie, la vidéo sur YouTube et les SMS envoyés aux habitants. Le FBI a bien essayé de retracer les messages et d'identifier les numéros de portables avec lesquels ils avaient été envoyés, mais sans succès. Interrogé quelques mois plus tard par Adrien Chen, un journaliste du *New York Time Magazine*, Duval cherchera à minimiser l'affaire, parlant d'une méchante farce imaginée par un esprit triste et malade cherchant à faire peur aux gens le jour de la date anniversaire des attentats du 11 Septembre.

Il ne s'agissait pas d'une simple mauvaise blague montée par un adolescent irresponsable. La mise en scène orchestrée sur les réseaux sociaux et le contenu des messages diffusés par texto à la population ne pouvait qu'être l'œuvre d'une équipe nombreuse, qualifiée et extrêmement disciplinée. Trois mois plus tard, alors que l'Amérique venait d'enregistrer quelques contaminations par le virus Ebola sur son sol, une fausse alerte sera lancée sur les réseaux sociaux faisant état de plusieurs cas de la maladie à Atlanta. Le mode opératoire était très semblable. Et, bourde ou provocation, certains comptes utilisés durant cette nouvelle campagne de désinformation avaient été utilisés pendant la fausse attaque terroriste en Louisiane.

Les autorités américaines sont convaincues que toutes les personnes impliquées dans ces étranges histoires faisaient partie d'une seule et même organisation : l'Internet Research Agency de Saint-Pétersbourg. L'équipe du procureur Mueller la décrit comme « une organisation russe engagée dans des opérations interférant avec des élections et des processus politiques ». L'agence a été fondée aux alentours de juillet 2013. Elle aurait camouflé ses actions sous une myriade d'autres identités : MediaSintez, GlavSet, Azimut ou encore NovInfo. Le centre névralgique de cette organisation se situait, au moins jusqu'en 2016, au 55 de la rue Savushkina, dans les faubourgs nord de Saint-Pétersbourg. L'immeuble de trois étages est de facture récente. Il est situé dans un quartier résidentiel. L'agence y a employé des centaines de personnes occupées à diverses tâches : des créateurs de « contenus », spécialisés dans la fabrication de fausses identités et de faux profils digitaux utilisés sur Internet ou les réseaux sociaux, mais aussi des développeurs, des hackers, des spécialistes du référencement par les moteurs de recherche, des financiers…

L'organisation fonctionnerait avec un budget annuel de plusieurs millions de dollars, financé notamment par l'ami de Vladimir Poutine, Yevgeni Viktorovitch Prigozhin. Il en est aussi le chef. Le 29 mai 2016, le personnel de l'agence lui a fait un cadeau d'anniversaire pour le moins original. Sous un prétexte bidon, avec leurs fausses identités sur les réseaux sociaux, ils ont convaincu un vrai Américain de se présenter devant la Maison-Blanche en brandissant une pancarte sur laquelle était écrit : « *Happy 55th birthday dear boss !* »

Les millions de dollars de budget servaient essentiellement à payer les salaires des employés et à l'occasion les déplacements de certains d'entre eux. Au moins deux femmes ont ainsi décroché un visa pour les États-Unis et ont pu voyager librement sur le territoire durant plusieurs mois. Aleksandra Krylova, considérée comme le numéro 3 de l'organisation, et Anna Bogacheva, chef du groupe d'analyse de données, ont donc tranquillement voyagé aux États-Unis pour collecter de l'information sur le terrain. Durant l'été 2014, les deux femmes ont sillonné le continent, parcourant au moins une dizaine d'États – de New York à la Californie et du Michigan à la Louisiane. Elles n'étaient apparemment pas les seuls agents russes voyageant avec des visas touristes à travers l'Amérique mais leurs acolytes n'ont pas été identifiés par la justice américaine. Ou que celle-ci préfère ne pas divulguer ses découvertes. On sait notamment que durant la même période, un autre membre de l'agence a été localisé à Atlanta.

Durant leur incroyable épopée, Aleksandra et Anna n'ont pas chômé. Elles ont acheté des appareils photos, des cartes SIM et des téléphones mobiles.

Elles ont échangé avec d'autres membres de l'équipe non identifiés sur leur itinéraire de voyage et ont même élaboré des scénarios d'exfiltration en cas de danger.

Dans l'acte d'accusation rédigé par le procureur spécial Mueller, deux projets sont clairement identifiés comme faisant partie des opérations de déstabilisation de l'agence. Le projet Lakhta, qui avait apparemment des objectifs multiples et qui ciblait différents publics sur les réseaux sociaux, en Russie et à l'étranger, notamment aux États-Unis mais aussi sans doute en France et en Grande-Bretagne.

La presse anglaise a ainsi mis au jour un dispositif constitué de milliers de faux profils et de comptes automatisés durant la campagne pour le Brexit, citant l'exemple d'un certain David Jones, alias @DavidJo52951945. Cet utilisateur de Twitter affichait plus de 100 000 abonnés, presque autant d'abonnements et près de 140 000 tweets concernant aussi bien le Brexit, Trump, la Russie ou Bachar al-Assad, envoyés la plupart du temps entre 5 heures du matin et 5 heures du soir, heure anglaise.

Le second projet, baptisé « Traducteur », ciblait en revanche uniquement les Américains en agissant sur les plateformes comme YouTube, Facebook, Instagram ou Twitter. En juillet 2016, cette opération occupait à elle seule plus de quatre-vingts personnes au siège de l'agence, à Saint-Pétersbourg. Sans surprise, la plupart étaient des spécialistes des médias sociaux.

Conçus, en Occident, comme les instruments ultimes de la démocratie, les réseaux sociaux sont aussi vus aujourd'hui comme l'un des principaux vecteurs de propagation du mensonge. Peuvent-ils être tenus pour responsables de l'authenticité des informations qu'ils véhiculent sur leurs plateformes ? Après avoir longtemps refusé d'assumer cette charge, ces géants de l'Internet tentent de réagir en faisant le tri dans les informations, notamment après les dégâts causés durant la présidentielle américaine. Facebook et Google ont modifié leur algorithme pour lutter contre la désinformation. La plateforme créée par Mark Zuckerberg a même noué des partenariats avec des médias en Allemagne, en France et aux États-Unis pour faire le ménage dans les pages de ses « amis ».

Mais au début du mois d'octobre 2017, ils ont été à nouveau critiqués pour avoir colporté de fausses informations sur les motivations de l'auteur de la tuerie de Las Vegas, lors de laquelle 59 personnes ont trouvé la mort et 546 autres ont été blessées. Et c'est encore *via* Facebook ou Twitter qu'ont été diffusées des images trompeuses des violences policières durant le vote sur l'indépendance de la Catalogne, le 1er octobre 2017. Un couple matraqué par les membres des forces de l'ordre ? Un handicapé en chaise roulante pris à partie par un policier anti-émeute ? Des pompiers s'opposant à des policiers ?

Ces photos, bien réelles, avaient été prises plusieurs années auparavant et concernaient d'autres événements, sans lien avec l'indépendance catalane. Certaines photos ont carrément été retouchées, des personnages et des drapeaux y ont été ajoutés, comme l'ont démontré plusieurs médias. Elles ont pourtant été relayées des dizaines de milliers de fois par des internautes sur les réseaux sociaux. La supercherie est patente, mais comment ne pas faire confiance à ses « amis » ?

La classe politique américaine, dans son ensemble, critique désormais ouvertement ses champions high-tech pour leur légèreté déontologique. Le 31 octobre 2017, les dirigeants de Facebook, Google et Twitter ont été passés sur le gril par des membres de la Chambre des représentants, à Washington. Pour épargner les fondateurs de ces entreprises mythiques, ce sont les directeurs juridiques qui ont été envoyés au front.

Colin Stretch, le juriste de Facebook, a été particulièrement soigné par les élus du peuple. Plusieurs d'entre eux se sont notamment étonnés que le groupe de Menlo Park, qui se targue de pouvoir traiter des milliards de données et les transformer instantanément en connexions personnelles pour ses utilisateurs, ne fasse pas la connexion entre des publicités électorales payées en roubles et la Russie. Il suffisait de connecter deux données… et d'éviter de se retrouver dans la plus parfaite illégalité.

Comme dans la plupart des grandes démocraties, la loi américaine interdit le financement d'une campagne électorale par des fonds provenant d'une organisation étrangère. Dans le cadre de cette audition, le groupe fondé et dirigé par Mark Zuckerberg a également reconnu que 126 millions d'Américains avaient été exposés à de fausses informations durant toute la campagne présidentielle, entre mars 2015 et novembre 2016. Mais le pire est encore à venir…

Le siège de Facebook s'étend sur plusieurs dizaines d'hectares, à Menlo Park, au cœur de la Silicon Valley. Les employés du réseau social ont commencé à s'installer à partir du printemps 2011 sur le site du quartier général de Sun Microsystems, ancien mastodonte de l'industrie informatique américaine, aujourd'hui disparu. À partir de ce complexe localisé en bordure de la baie de San Francisco, à Menlo Park – une quinzaine de bâtiments à deux étages, un peu décrépis –, l'entrepreneur a fait construire un nouveau campus aux allures de village de vacances, dont l'aménagement et le design ont été confiés au même cabinet d'architectes qui a conçu la partie commerçante du parc d'attractions California Adventure de Disney.

Rien n'est trop beau pour attirer les talents. Mais les employés de Facebook se sont vite sentis à l'étroit sur leur nouveau campus. Qu'à cela ne tienne : un tunnel a été creusé sous la route 84 qui longe le siège et de nouveaux bâtiments sont en cours de construction au sud : des blocs de plus de cent mètres de long avec toiture arborée. C'est là que Mark Zuckerberg a installé son bureau : un grand cube de verre posé au milieu d'un immense *open space*, dans lequel des centaines de geeks sont à l'œuvre, pratiquement jour et nuit.

Le calme règne, le plus souvent. Mais ce 22 mars 2018, le bureau du patron connaît une activité inhabituelle. Mark Zuckerbeg s'est résolu à parler. Durant quinze minutes, il répond aux questions de la journaliste de CNN, sous l'œil de la caméra. L'interview a lieu six jours après les révélations sur l'affaire Cambridge Analytica, qui touche le groupe au cœur même de son modèle économique : les données personnelles de dizaines de millions d'utilisateurs de la plateforme auraient été communiquées à leur insu pour manipuler l'opinion lors de la dernière élection présidentielle américaine.

« C'est un abus de confiance majeur, et je suis désolé que cela se soit produit », lâche Mark Zuckerberg l'air contrit, avant de se lancer dans une longue séance d'explication technique. Il n'a jamais été à l'aise dans la prise de parole. Ce n'est pourtant qu'un début. Jamais le fondateur de Facebook ne se serait imaginé répondre en costume cravate aux questions de parlementaires américains. Trois semaines après son mea culpa télévisé, il exprime ses regrets devant la représentation nationale. Entraîné durant des heures par les meilleurs coachs et lobbystes de la capitale, l'homme d'affaires n'a pas commis d'impair. Telle une machine, il a su répondre à toutes les interrogations, ne laissant paraître aucun sentiment. Mais à Washington, Londres ou Bruxelles, les responsables politiques ont placé Facebook sous haute surveillance, accusant le réseau social d'avoir contribué à véhiculer des fausses nouvelles et accepté des messages publicitaires à caractère politique venant de l'étranger.

À l'origine de cette gigantesque déroute, un développeur de vingt-huit ans, Christopher Wylie, dont les confessions ont été recueillies par les quotidiens *The New York Times* et *The Observer* à Londres. Grosses lunettes noires, cheveux coupés court teints en rose, le Canadien a lancé l'alerte pour dénoncer des pratiques « extrêmement immorales ». Pendant un an, jusqu'à la fin 2014, le jeune homme était directeur de recherche de Cambridge Analytica, une société d'analyse de données au slogan plus qu'évocateur : « La donnée est le moteur de tout ce que nous faisons. » Fondée en 2013, elle propose tout bonnement d'utiliser l'analyse de données pour modifier les comportements des bons citoyens. Elle a démontré l'efficacité de sa technologie de façon magistrale en mettant ses outils au service de l'équipe de campagne présidentielle de Donald Trump, et de son proche conseiller d'alors, Stephen Bannon.

Grâce à l'investissement de 15 millions de dollars apportés par le milliardaire Robert Mercer, proche de l'homme d'affaires, le cabinet spécialisé a pu pousser très loin sa théorie, à partir de 2014, en utilisant des montagnes de données facilement accessibles : les informations très détaillées fournies en toute confiance – et un brin de crédulité – par les utilisateurs de Facebook.

Au départ, il ne s'agissait que d'un simple questionnaire, apparemment anodin, inclus dans une application téléchargeable, baptisée MyDigitalLife, imaginée par le chercheur Aleksandr Kogan. En échange d'un ou deux dollars, le répondant acceptait que ses données personnelles échangées sur le réseau social soient utilisées par Cambridge Analytica. Quelque 270 000 personnes ont téléchargé l'appli. Mais finalement, ce sont les informations de près de 87 millions d'utilisateurs de Facebook qui ont été siphonnées, car à l'époque, le réseau social prévoyait dans ses conditions générales qu'un « ami » puisse également transmettre les données de ses « amis ». Et chaque membre possède en moyenne plusieurs centaines de relations attachées à son compte.

Le problème, selon les révélations des deux quotidiens, est que les dirigeants de Facebook étaient au courant des agissements de Cambridge Analytica dès 2015. Ils n'ont pas prévenu les dizaines de millions de victimes du siphonage d'informations et se sont contentés d'adresser une réprimande à la société de conseil, lui demandant de supprimer les données en sa possession. Mais le géant de l'Internet n'a procédé à aucun suivi dans ce dossier et l'entreprise ne se serait jamais débarrassée de la montagne de datas qui lui aurait permis d'aider le candidat Donald Trump à accéder à la Maison-Blanche.

Au cours d'une mini-conférence de presse tenue à Londres, le lanceur d'alerte Christopher Wylie a voulu justifier son action, expliquant qu'il voulait démonter les méthodes de la famille Mercer et de Steve Bannon pour stimuler l'ultra-droite américaine. Le jeune homme dément avoir voulu mener une croisade contre le réseau social. « Il faut réparer Facebook, pas effacer Facebook », explique-t-il. La réparation promet d'être complexe, car le modèle économique de l'entreprise californienne repose entièrement sur ces fameuses datas qu'il collecte à partir des comptes des quelque 2 milliards de membres actifs et revend aux marques. Il s'appuie sur l'un des fondements du marketing digital : si c'est gratuit, c'est vous le produit. La data est sa matière première.

D'après les « likes » d'un utilisateur, les algorithmes de Facebook peuvent déduire sa personnalité, son orientation sexuelle, ses affinités politiques, sa dépendance à la drogue ou à l'alcool… une vraie mine d'or pour les publicitaires et les annonceurs, prêts à payer le prix fort pour ces données. La publicité constitue aujourd'hui la quasi-totalité des 40 milliards de dollars de chiffre d'affaires du réseau social. Ces mêmes données auraient donc servi à manipuler les citoyens américains en 2016, selon Christopher Wylie. Ce dernier affirme également que des chercheurs russes ont été associés aux travaux et que des données ont été transmises aux services de renseignement russes.

En comprenant les sensibilités politiques de chaque individu, les spécialistes de Cambridge Analytica ont pu leur adresser des messages très personnalisés, de la propagande pure, jouant sur leurs frustrations autant que sur leurs aspirations. Avec ce résultat fascinant : ceux qui auraient sans doute voté démocrate – donc Hillary Clinton – se sont abstenus, tandis que ceux qui ne prévoyaient pas d'aller voter ont finalement élu Donald Trump à la Maison-Blanche.

Les inquiétudes sur les agissements de Facebook ne datent pas d'hier. En août 2017, Roger McNamee, du fonds Elevation Partner, s'était dit « terrifié », sur la chaîne de télévision CNBC, par les pratiques du réseau social, dont il est pourtant l'un des tout premiers investisseurs : « Si vous vous battez pour prendre une partie de la vie des gens, vous vous lancez dans une surenchère, explique-t-il. Soit vous faites peur aux gens, soit vous les mettez en colère. » Roger McNamee assure que, lorsqu'il a investi dans Facebook, jamais il n'aurait imaginé que « quelque chose de mal pourrait arriver si les gens se mettaient à échanger des histoires et des photos de famille ».

Début novembre, c'était au tour de Sean Parker de monter au créneau. Celui qui fut le premier président de Facebook dénonce « un cercle vicieux de validations sociales… exactement ce qu'un hacker comme moi pourrait inventer, parce que vous exploitez alors une vulnérabilité dans la psychologie humaine (…) et que Dieu seul sait ce que ça fait au cerveau de nos enfants ». Réflexe protecteur prémonitoire ? Ces disciples de la première heure ont tourné le dos au réseau social quelques semaines avant le début des ennuis judiciaires. Plusieurs actions collectives ont été lancées contre le géant du Web. La société Cambridge Analytica a quant à elle été mise en faillite en mai 2018.

Désinformation, *fake news*, manipulation de l'opinion… Les méthodes utilisées aujourd'hui par les services de renseignement, les groupes de hackers ou les experts en communication de crise ne datent pas d'hier. Elles sont le résultat d'une longue construction dont l'origine remonte à plusieurs millénaires. En 1274 avant Jésus-Christ, très précisément lorsque le pharaon Ramsès II s'autoproclama victorieux de la bataille de Qadesh contre le peuple Hittite alors que l'issue du combat semble avoir plutôt tourné en faveur de l'adversaire. Peu importe, grâce à cette première *fake news* avérée, gravée jusque dans la pierre du tombeau du pharaon, l'humanité retiendra une autre histoire officielle. Pour nombre d'historiens, cet épisode constitue l'origine de l'histoire de la propagande et de la désinformation.

C'est la spécialité de Matt Tait. Cet expert britannique en cybersécurité s'est fait une petite réputation donnant des conférences à travers le monde sur « une brève histoire de la désinformation. » Au cours de l'été 2017, sa renommée est subitement montée d'un cran après qu'il a publié sur Lawfare Blog, site dédié aux enjeux de sécurité nationale, une longue note expliquant dans les détails comment il avait été approché, en 2016, par un membre de l'équipe de campagne du camp républicain, lui réclamant de l'aide pour tenter de mettre la main sur les courriels volés par des hackers russes en juillet de cette année et publiés par Wikileaks. Cette affaire est l'objet de la plainte déposée en avril 2018 par le Parti démocrate contre la Russie, Wikileaks et des hauts responsables de l'équipe de Donald Trump.

Plongé dans cette affaire durant plusieurs semaines, Matt Tait s'est retrouvé aux avant-postes de l'une des plus incroyables campagnes de *fake news* de l'histoire contemporaine. Un spécimen rare parmi tous ceux qu'il a pu observer depuis l'invention même du concept de désinformation. Les experts de la CIA attribuent l'origine du mot à Joseph Staline en personne qui aurait choisi le terme de *dezinformatsia*, un nom à racines latines, qui faisait français, pour brouiller les cartes. « Mais peut-être cette information est-elle fausse. Et ce serait de la désinformation sur la désinformation à propos de la désinformation », tempère Matt Tait, avec un petit sourire en coin.

De son point de vue, ce sont les nazis qui ont véritablement industrialisé la désinformation durant la Seconde Guerre mondiale. L'essentiel de leurs travaux a été récupéré et mis en œuvre ensuite à partir des années 50 par la Stasi, les services secrets est-allemands. Un homme a notamment perfectionné la méthode, l'érigeant pratiquement en art : le colonel Rolf Wagenbreth. Durant près d'un quart de siècle, de 1966 jusqu'à la chute du mur de Berlin, en 1989, il a dirigé le département X du HVA, les services de contre-espionnage de l'Allemagne de l'Est. Cette unité spécialisée dans les techniques de désinformation comptera une centaine des spécialistes à son apogée, dans les années 80, installés au siège des services secrets, à Berlin. Le département X avait alors acquis la réputation d'être le service du bloc de l'Est le plus en pointe dans ces techniques. Le KGB, ancien service de renseignement soviétique, possédait certes une extraordinaire expertise en la matière – John McMahon, ancien directeur adjoint de la CIA, de 1982 à 1986, avait affirmé que les Soviétiques consacraient à l'époque entre trois et quatre milliards de dollars par an dans ses opérations de désinformation et de propagande – mais en matière de propagation de fausses nouvelles, les espions russes n'hésitaient pas à confier à leurs collègues est-allemands les missions les plus sensibles.

C'est ainsi qu'incomba notamment au département une grande partie de la mise en œuvre du projet Infektion. Selon les travaux de l'historien Thomas Boghardt, l'opération a consisté à rendre crédible une rumeur selon laquelle le virus du sida avait été conçu dans l'État du Maryland, à Fort Detrick, un centre médical de l'armée américaine spécialisé dans les armes bactériologiques et qu'à la suite d'erreurs de manipulation plusieurs sujets humains auraient été infectés avant de contaminer à grande échelle la population sur la côte est américaine.

L'équipe du colonel Rolf Wagenbreth a minutieusement préparé le récit et la méthode de propagation de la *fake news*. L'officier de la Stasi avait élaboré une stratégie reposant sur un principe simple de la guerre de l'information : « Un ennemi puissant ne peut être défait qu'au prix d'un effort sophistiqué, méthodique, prudent et astucieux, en vue d'exploiter la faille la plus infime entre nos ennemis et au sein de leurs élites. » Le colonel Wagenbreth ne créait pas la rumeur, il l'utilisait, la transformait, l'amplifiait... Dans une directive datant de 1976, les dirigeants de la Stasi fixaient même le but de telles manipulations : « La dégradation systématique de la réputation, de l'image et du prestige dans une base d'informations en partie vraies, vérifiables et humiliantes et pour une autre part, fausses, plausibles, irréfutables et toujours infamantes : une organisation systématique de failles sociales et professionnelles en vue de démolir la confiance en soi d'un individu. »

Quelques décennies plus tard, le social média offre aux successeurs du colonel Wagenbreth un outil ultra-puissant pour faire passer un message, à la fois vrai et faux, déstabiliser une entreprise ou un gouvernement... Le plus souvent, les humains croient dur comme fer ce qu'ils voient sur les réseaux sociaux. Ils y valident ce qu'ils suspectaient. Une note, un article, débutant par « Comme vous le savez... » conforte le lecteur dans ses certitudes et lui fait passer d'autres messages, moins évidents. « La technique est imparable, explique Costin Nairu, directeur du Kaspersky Labs. En racontant 80 % de choses vraies, vous pouvez faire passer 20 % de choses fausses. »

Dans les années 90, les services secrets israéliens ont eu recours à ce genre de méthodes pour déstabiliser le Fatah. Les informaticiens du Mossad avaient ainsi réussi à infiltrer les ordinateurs du bras armé financier de l'organisation palestinienne et avaient multiplié les virements sur les comptes de plusieurs de ses dirigeants, créant le soupçon qui déclencha une vague de règlements de compte parmi les cadres du mouvement.

Plus récemment, un groupe de hackers russes baptisés CyberBerkut est apparu, après l'annexion de la Crimée par la Russie en 2014. Il a intégré la désinformation dans ses stratégies d'attaques contre des cibles ukrainiennes ou américaines, toujours avec ce principe du 80/20 : au milieu de milliers de courriels volés sur des serveurs, parfaitement authentiques, les hackers glissent de faux messages, très dérangeants pour un individu ou une organisation. Puis ils font habilement fuiter le tout sur Internet.

En octobre 2017, ils ont notamment tenté de salir la réputation du journaliste américain David Satter, ancien correspondant à Moscou du *Financial Times* et du *Wall Street Journal*, expulsé par les autorités en 2013, pour ses papiers très critiques à l'égard du gouvernement russe et de Vladimir Poutine en particulier. Les faux messages, diffusés sur Internet, laissaient croire que David Satter avait payé des journalistes russes pour publier des articles très critiques sur le Kremlin.

Pour expliquer comment fonctionne cette guerre de l'information et pourquoi cela marche, Matt Tait utilise peu de mots : tribalisme et esprit partisan. « Les gens sont prédisposés à croire que leurs amis, leurs collègues, ceux auxquels ils s'identifient, sont des gens bien. » Sous-entendu : ce qu'ils racontent est juste. Et le chercheur britannique évoque un autre concept sournois : l'infatigabilité des idées démystifiées. Autrement dit, notre propension à croire les informations qui nous parviennent, aussi stupides et illogiques qu'elles puissent paraître.

La technique a été amplement utilisée par les équipes de Donald Trump, lors de la campagne pour l'élection présidentielle de 2016. En répartissant la population électorale américaine en seize groupes distincts, elle a pu faire passer des messages très ciblés, adaptés en fonction du milieu social, de l'origine, de la catégorie professionnelle… avec un degré d'authenticité plus ou moins fort.

La guerre en Syrie est un terrain extrêmement fertile pour les *fakes news*, comme l'ont appris, à leurs dépens, les autorités belges, ainsi que les médias du royaume. Dans la soirée du 18 octobre 2016, un communiqué du ministère russe de la Défense a lancé la polémique en accusant deux chasseurs F-16 de l'armée belge, membres de la coalition, d'avoir bombardé un village proche d'Alep, dans le nord-ouest de la Syrie, tuant six civils et faisant de nombreux blessés. Reprise instantanément par les médias russes puis diffusée massivement sur Internet, l'information a été rapidement démentie par Bruxelles, accusant les Russes de vouloir provoquer un écran de fumée pour camoufler ses propres agissements sur le terrain, et exigeant une rétractation immédiate. Les médias belges ont à leur tour critiqué la campagne de désinformation menée par Moscou en reprenant les arguments de la manipulation.

Et tout aurait pu en rester là si, quelques jours plus tard, les principaux sites d'information du royaume n'avaient été la cible d'actes de piratage en série. Le 24 octobre, les sites de la RTBF, *De Standaard* ou *Het Nieuwsblad* ont été simultanément mis hors service durant plusieurs heures après des attaques dites DDoS, ou dénis de service distribué. L'opération a été revendiquée par la Syrian Cyber Army, un groupe inconnu jusqu'alors. Dans un communiqué publié sur son site www.syrian-cyber-army.net, l'organisation affirme avoir voulu punir la Belgique qui « cache les agissements de son armée de l'air » dans la région. « Nous appelons la communauté internationale à nous soutenir en humiliant les autorités belges, qui ont ordonné l'assassinat de dizaines de civils dans la ville de Hassadjek, près d'Alep, le 18 octobre, et qui ont causé des dégâts aux infrastructures civiles », écrivent ces pseudo-hacktivistes[1]

1. Contraction des mots hacker et activiste, le terme aurait été prononcé pour la première fois en 1996, par un certain Omega, membre du collectif « Le culte de la vache morte » – *Cult of the dead cow.*

syriens. La revendication de ce groupe a été aussitôt reprise par les organes de presse proches du président Poutine, à commencer par RT (Russia Today). Elle a également été relayée sur une multitude de comptes Twitter et Facebook.

Deux chercheurs du spécialiste russe de la cybersécurité, Kasperky Lab, ont démonté toute la séquence et mis au jour quelques bizarreries dans le mode opératoire des hackers activistes syriens. La Syrian Cyber Army n'était apparemment jamais passée à l'action avant l'attaque contre les titres de presse belges. Leur site avait été créé en octobre 2015, un an avant l'opération et seulement deux articles en arabe y avaient été publiés durant cette période. Pour les chercheurs en cybersécurité, ces actes de piratage portent plutôt la signature du Sofacy Group, *alias* Fancy Bear, *alias* APT28… un groupe de cyberespions liés aux services de renseignement militaire russes, le GRU. Le site de la cyberarmée syrienne est devenu inaccessible peu de temps après la publication de la revendication. La création de groupes éphémères de hackers, à la commande et sur mesure, est devenue réalité. Grâce à la magie de l'Internet et des médias sociaux.

CHAPITRE 2

LA TROISIÈME GUERRE MONDIALE EST DECLARÉE

« Il y a des affaires où vous enquêtez sans jamais faire de pause. Puis, au bout de cinq ans, un gars entend un autre gars se vanter dans un bar, ou une cellule de prison. »

Willoughby – *Three Billboard*

Au commencement, ce ne furent que de simples messages d'erreurs. Puis il y eut les écrans noirs et les premières attaques de sites Web. En quelques heures, ce 27 avril 2007, les réseaux de communication estoniens ont été submergés par une immense vague de spam déclenchée par une armée de botnets. Les serveurs des banques, des services publics, des commerces ont été saturés par des millions de requêtes simultanées. Opérateurs télécom, sites d'information, stations de radio et de télévision, hôpitaux, aéroports… toutes les infrastructures vitales du pays sont subitement tombées en rade. L'attaque massive et destructrice survenait après deux jours d'émeutes dans la capitale, Riga, suivant la décision des autorités de déplacer un monument aux morts de l'Armée rouge. L'Otan a dépêché sur place ses meilleurs experts.

Jamais une nation n'avait subi une cyberoffensive à pareille échelle. Les actes de malveillance se sont poursuivis durant trois semaines. Les autorités estoniennes accuseront très vite le Kremlin d'être derrière ces opérations, considérées par nombre d'experts comme le premier acte de cyberguerre de grande envergure, une action de représailles des autorités russes contre l'un de ses anciens satellites devenu un peu trop proche de l'Occident, un peu trop irrévérencieux aussi.

Avec cet épisode, la cybercriminalité est passée du stade de l'artisanat à un niveau de sophistication extrêmement élevé. L'attribution de l'attaque contre l'Estonie n'a jamais été formellement établie, même si des faisceaux d'indices ont pointé vers Moscou. À la tête de l'Agence nationale de la sécurité des systèmes d'information (ANSSI), Guillaume Poupard se heurte depuis des années à ce problème de l'attribution : « On peut savoir qui nous attaque mais il est quasi impossible de le prouver », tranche cet expert en cryptographie.

Spécialiste de ces questions, le général Marc Watin-Augouard, directeur du Centre de recherche de l'école des officiers de la gendarmerie nationale, imagine que l'action n'a pu être menée que par un groupe mafieux, ou une organisation criminelle très organisée, bénéficiant du soutien d'un puissant parrain, probablement un État.

Deux ans après les faits, une surprenante confession est venue étayer la piste russe. Lors d'un débat d'experts sur la guerre de l'information animé en vidéo-conférence entre Moscou et Washington par la journaliste Nargiz Asadova, Sergei Markov a provoqué un véritable séisme diplomatique. Ce député de la Douma, proche de Vladimir Poutine, a confié que l'un de ses assistants – dont il a préféré taire le nom – était à l'origine de l'attaque. Séjournant en Transnistrie au moment des faits, le jeune collaborateur aurait, selon lui, agi par patriotisme et un peu par jeu. Quelques jours plus tard, Konstantin Goloskokov revendiquait directement l'attaque à un journaliste de l'agence Reuters. Alors âgé de vingt-deux ans, ce responsable du mouvement Nashi, une organisation non gouvernementale proche du Kremlin, expliquait qu'il avait monté l'opération avec un réseau de sympathisants, assumant « un acte de désobéissance civile, absolument légal ».

Style guindé, l'air sombre, Jüri Luik, ministre de la Défense d'Estonie, tire les leçons de cet acte de guerre numérique, une décennie plus tard. Le cyberespace, explique-t-il, est devenu indissociable de nos sociétés modernes : « Nos nations sont la cible d'attaques sophistiquées menées par le crime organisé mais aussi par des États. Notre dépendance aux usages et services en ligne est de plus en forte, c'est notre style de vie qui est attaqué », estime ce diplomate de carrière qui a enchaîné les postes aux États-Unis, en Amérique centrale et à l'Otan. Il ne fait aucun doute, selon lui, que le prochain conflit mondial se produira dans le cyberespace. Les attaques menées contre la Géorgie en 2008, ou l'Ukraine, à partir de 2015, ne sont que des répétitions avant le grand soir. « Il est très important que nous apprenions à nous défendre car ces menaces technologiques se développent beaucoup plus vite que nous ne pouvons l'imaginer et elles ne connaissent pas les frontières. » Et les criminels gardent toujours un temps d'avance.

En juin 2017, le président russe, Vladimir Poutine, a lui-même livré sa propre interprétation, très lyrique, de cette évolution de la cybercriminalité. Le chef du Kremlin était alors interrogé par la presse anglo-saxonne sur les soupçons d'une implication de la Russie dans le piratage des systèmes d'information du Parti national démocrate, durant la campagne présidentielle américaine. Après avoir longtemps démenti toute implication de son pays dans les différentes cyberattaques menées au cours de la décennie écoulée contre d'anciennes républiques soviétiques, en Estonie, en Géorgie ou en Ukraine – plus récemment en Europe et aux États-Unis –, le président russe a fait l'éloge de ces hackers patriotes. « Les hackers sont des esprits libres, comme des artistes. S'ils sont de bonne humeur le matin, ils se lèvent et se mettent à peindre. C'est pareil pour les hackers, ils se lèvent, lisent que quelque chose est survenu entre deux États, et si ce sont des patriotes, ils apportent leur contribution –

qu'ils estiment justifiée – à la lutte contre ceux qui disent des méchancetés sur la Russie. »

Pierre Racz est un bon observateur des forces en présence, il scrute le terrain depuis plus de trente ans. Président et fondateur de la société de sécurité informatique canadienne Genetec, il estime qu'environ 20 % de la cybercriminalité sont aujourd'hui perpétrés par les États. Après la terre, la mer, le ciel et l'espace, le cyberespace est devenu le cinquième champ de bataille des conflits modernes. À la suite des événements de 2007, de nombreuses nations ont mis en place de véritables stratégies de cyberdéfense. Leur but est de doter la nation des moyens nécessaires pour parer ces nouvelles menaces digitales, mais aussi, depuis peu, pour mener des actions offensives et agir, notamment, en représailles en cas d'attaque. L'armée suédoise a ainsi annoncé, en février 2017, qu'elle allait se doter d'un arsenal pour faire face à ces risques. Quelques mois plus tôt, elle avait été la cible d'une attaque qui avait mis hors d'usage l'un de ses systèmes permettant d'organiser la programmation de ses exercices militaires.

Fin 2016, Jean-Yves Le Drian, alors ministre des Armées, a annoncé la création d'un commandement des cyberopérations placé sous la responsabilité directe du chef d'état-major des armées et comprenant quelque 2 600 combattants numériques. Pour la première fois, la France se dotait officiellement d'une capacité offensive dans le cyberespace. Dans la lignée de son prédécesseur, la ministre des Armées,

Florence Parly, a promis, au début 2018, de consacrer 1,6 milliard d'euros au développement de nouveaux moyens de cyberdéfense et de former plus d'un millier d'hommes et de femmes pour porter à 4 000 combattants la force de frappe française dans l'espace numérique. L'armée française est aujourd'hui l'un des plus gros recruteurs de jeunes développeurs fraîchement sortis des institutions spécialisées.

Sur ce point, la France est alignée avec son voisin allemand. Depuis longtemps, entre Paris et Berlin, s'est construit un socle de collaboration reposant sur le travail commun des deux agences chargées de veiller à la sécurité des systèmes d'information – l'ANSSI côté français et le BSI (Bundesamt für Sicherheit in der Informationstechnik) côté allemand. « Entre nous, le téléphone sonne tous les jours », aime répéter Guillaume Poupard, patron de l'ANSSI. Les deux pays ont mis vingt ans pour établir le schéma de certification élevé qui prévaut aujourd'hui des deux côtés de la frontière et supposé leur garantir la résilience en cas de cyberattaque massive. Mais la cybersécurité reste un thème de souveraineté nationale, avec un objectif clair et précis : protéger la nation contre des attaques majeures. En réalité, comme l'observe le général Watin-Augouard : « Chaque État accepte de coopérer jusqu'à un certain point. Car tous évitent de dévoiler leurs inquiétudes ou leurs vulnérabilités sur ces sujets. »

Mais l'Europe continue d'avancer en ordre dispersé sur ces terrains. À Paris, comme à Berlin, les responsables politiques plaident pour une élévation du niveau des architectures de leurs partenaires européens en matière de cybersécurité. En principe, chaque État membre a la responsabilité de monter en compétence. Dans la réalité, parmi les nouveaux entrants dans l'Union européenne, la plupart n'ont pas encore mesuré l'ampleur du risque et attendent des réponses de l'Europe, de l'Otan ou encore de l'Agence européenne chargée de la sécurité des réseaux et de l'information (Enisa). Établie à Héraklion, en Grèce, cette entité s'est vu confier un rôle d'organisateur et de régulateur par la Commission européenne qui souhaite harmoniser au plus vite les différents schémas de cyberdéfense existant en Europe.

En France et en Allemagne, on émet de sérieux doutes sur la capacité opérationnelle de ce corps doté seulement d'une centaine d'agents et chargé d'intervenir dans l'ensemble des pays de l'Union. À Paris, l'ANSSI comptait près de 600 agents en 2018. Et ses responsables sentent bien qu'il est difficile de faire face à l'évolution des menaces au quotidien. La grande crainte des responsables de l'ANSSI, du BSI et des services de renseignement, est que l'Europe ne s'inflige un nivellement par le bas. De l'autre côté de l'Atlantique, à Fort Meade, dans le Maryland, les dirigeants de la National Security Agency (NSA) se frottent les mains.

Les révélations d'Edward Snowden, ancien collaborateur de l'agence, ont mis en lumière l'incroyable partie de billard à trois bandes que se livrent les États dans le cyberespace. « Elles ont provoqué une vraie rupture, commente Loïc Guézo, cybersecurity strategist du groupe Trend Micro. Avant lui, beaucoup de gens avaient essayé d'alerter l'opinion publique sur les activités de la NSA… Même les experts les plus aguerris ont été surpris de la capacité opérationnelle intrusive des États-Unis. » L'agence américaine est capable de simuler une partie de l'Internet, de faire croire à une personne ou à un groupe d'individus qu'ils sont sur Facebook alors qu'ils se trouvent en réalité sur les serveurs de la NSA qui absorbent toutes leurs données, identifiants et mots de passe inclus.

« S'espionner entre amis, ce n'est pas acceptable », s'exclamait la chancelière Angela Merkel, en 2013, en apprenant que le président américain Barack Obama avait donné son accord pour que la chef du gouvernement allemand soit placée sur écoutes par la NSA et ses services amis. « L'espionnage entre alliés, ça se fait, il ne faut pas être naïf, confie un officier de l'armée française. On peut être alliés militairement et ennemis économiquement. » De fait, l'émoi de Mme Merkel ne fut que de courte durée : deux ans plus tard, d'autres indiscrétions apporteront la preuve de l'aide apportée à la NSA par les services de renseignement allemands, le BND, pour espionner électroniquement diverses cibles, notamment au ministère français des Affaires étrangères, à la Commission européenne ou au sein de la Présidence française de l'Union européenne. Les responsables politiques français se sont à leur tour insurgés avant d'être également rattrapés par des affaires sombres divulguées dans les documents exfiltrés par l'ancien collaborateur de la NSA, Edward Snowden.

Au travers d'un accord secret baptisé « Lustre », la DGSE française collaborerait étroitement, depuis 2006, avec l'agence de renseignement américaine et son équivalent britannique, le Government Communications Headquarters (GCHQ). Selon des informations publiées à l'époque par le quotidien allemand Suddeutsche Zeitung, les trois pays se livreraient à un troc de données, des montagnes de datas collectées discrètement sur les réseaux. Par sa position géographique privilégiée, la France est idéalement placée pour capter toutes sortes d'informations véhiculées par les câbles sous-marins reliant Marseille à l'Afrique et Penmarch, à l'extrême pointe du Finistère, où aboutit la fibre optique reliant l'Europe à l'Amérique du Nord. Paris échangerait ses informations contre des données collectées par ses partenaires dans d'autres endroits du globe.

Cette affaire serait la preuve d'une collaboration entre les services français et les Five Eyes. Depuis la fin de la Seconde Guerre mondiale, ce club très fermé rassemble les services de renseignements américains, australiens, britanniques, canadiens et néozélandais qui mutualisent leur réseau planétaire de surveillance électronique, baptisé Echelon. L'existence de cet accord « Lustre » n'a jamais été confirmée par les autorités concernées. Mais il n'a pas protégé les Français contre des opérations d'espionnage électronique mené par son plus ancien allié. En 2012, le quotidien *Le Télégramme* et l'hebdomadaire *L'Express* ont révélé les attaques menées par la NSA contre le personnel de l'Élysée.

L'agence de renseignement américaine avait suivi de près la campagne présidentielle et elle avait réussi à s'infiltrer dans les ordinateurs de plusieurs collaborateurs du président Nicolas Sarkozy. Ceux-ci avaient été approchés sur Facebook par les hackers américains devenus leurs « amis », et dirigés vers une fausse page de l'intranet du palais de l'Élysée, où leurs identifiants et mots de passe avaient été subtilisés. Grâce à ces informations, les employés de la NSA ont pu accéder aux serveurs de la présidence de la République et y ont installé des logiciels espions.

L'information avait été énergiquement démentie par Washington mais, quelques années plus tard, les faits allaient être involontairement confirmés par Bernard Barbier, l'ancien patron de la direction technique de la DGSE. Au mois de juin 2016, celui-ci participait à une conférence à l'école Centrale Supélec, dont il est lui-même diplômé. En toute décontraction, devant les élèves ingénieurs, l'ancien espion s'est livré à quelques confidences sur plusieurs hauts faits de cyberespionnage récents. Sans se douter qu'un spectateur attentif au premier rang enverrait peu après sur YouTube le film de l'entrevue, enregistrée avec son smartphone. La vidéo n'est pas restée disponible en ligne très longtemps, mais suffisamment pour que *Le Monde* en capte les meilleurs moments.

Au cours de sa discussion à bâtons rompus, le haut fonctionnaire confirme l'opération menée par l'agence américaine contre les équipes de la présidence. Il raconte comment il a décelé la signature de la NSA dans cette opération d'espionnage électronique. En avril 2013, il se rendra aux États-Unis en compagnie de Patrick Pailloux, alors patron de l'ANSSI – aujourd'hui à la tête de la direction technique de la DGSE. Les deux hommes sont en mission commandée. Sur ordre direct du nouveau président de la République, François Hollande, ils sont chargés de mettre les points sur les i avec leurs homologues américains.

Ils sont reçus par Keith Alexander, le tout-puissant patron de la NSA de 2005 à 2014. Celui-ci commence par nier toute implication, joue la surprise et la consternation. Mais face aux preuves apportées par les Français, il finit par céder et reconnaît l'action menée par ses équipes, furieux que l'opération supposée rester ultra-secrète ait été mise au jour. « Vous êtes quand même bon », finit par lâcher le grand espion américain à ses visiteurs.

La phrase restera comme l'un des plus beaux hommages à l'expertise des cyberagents français du contre-espionnage, mais résonnera comme un aveu brutal, choquant. Tout comme Angela Merkel, le président Nicolas Sarkozy refusait d'imaginer, à l'époque, que l'ami américain puisse orienter ses grandes oreilles vers la vieille Europe occidentale, ses plus fidèles alliés… À son arrivée à l'Élysée, les services de renseignement ont bien essayé de le sensibiliser à ces enjeux de sécurité des communications. Apple venait de sortir son iPhone qui s'est imposé instantanément comme l'accessoire de mode indispensable, un *must have* pour les femmes comme pour les hommes, le symbole même de la branchitude. Nicolas Sarkozy jonglait ostensiblement entre son BlackBerry et son mobile Nokia 6300, modèle très cool à l'époque. Le Premier ministre François Fillon, le ministre des Affaires étrangères Bernard Kouchner ou encore la secrétaire d'État à l'Économie numérique Nathalie Kosciusko-Morizet sont devenus accros à leur iPhone tout neuf, en donnant le très mauvais exemple. Tous s'étaient pourtant vu remettre un téléphone de fonction, crypté, ultra-sécurisé. Mais son maniement s'avérait fastidieux, trop lent, pas cool… Pour sensibiliser le président, les responsables de la DGSE ont même monté une démonstration grandeur nature, que Bernard Barbier détaille lors de sa conversation débridée. Les agents français prouvent qu'il est extrêmement facile d'intercepter les communications de l'Élysée depuis l'ambassade américaine, située à une centaine de mètres du Palais. Mais le président ne veut rien entendre. « Le secret, ça n'existe pas », lâche-t-il à Pierre Brochand, alors patron de la DGSE. Pas question qu'il s'équipe de l'un de ces téléphones protégés, mais ringards et lents… La révélation du piratage du système d'information de l'Élysée et les révélations de l'affaire Snowden rendront les politiques plus prudents à partir de 2013.

Alliances historiques, inimitiés sincères, associations intéressées, trahisons opportunistes... Dans le cyberespace, les liens se distendent, les rapports se troublent, les évidences s'estompent pour laisser place à une autre réalité : en temps de paix comme en temps de guerre, tout le monde espionne tout le monde.

Les services français sont loin d'être sans tache. Dans les années 90, les autorités américaines ont accusé les spécialistes tricolores du renseignement de piller la propriété intellectuelle de ses entreprises. Les spécialistes de la DGSE seraient ainsi parvenus à dérober les plans des futurs PC du groupe IBM pour les transmettre à Bull, le champion français de l'époque. Un employé français de l'entreprise Corning aurait dérobé un nouveau procédé de fibre optique pour le revendre ensuite aux services secrets français. Voilà plus d'un quart de siècle que l'ami français figure dans le collimateur des Américains pour sa capacité à déployer des moyens technologiques à des fins d'espionnage.

Plus récemment, des chercheurs travaillant pour les entreprises de sécurité russe Kasperky Labs et américaine Cyphort ont détaillé le fonctionnement d'un malware baptisé Babar, qui aurait sévi pendant plusieurs années, touchant des cibles en Iran, mais aussi en Algérie, au Canada, en Côte d'Ivoire, en

Grèce ou en Norvège. Il s'agit d'une véritable plateforme d'espionnage, très bien conçue, permettant de s'infiltrer dans des ordinateurs et d'y enregistrer une multitude d'informations : captures d'écran, enregistrement de frappes de clavier, informations contenues dans le presse-papiers, conversations par voix sur IP… Un rêve de barbouze. Les services de renseignement canadiens avaient repéré et longuement travaillé sur ce malware. Ils avaient acquis l'intime conviction que la France était à l'origine de ce programme très sophistiqué. Bernard Barbier confirmera l'implication de la DGSE en 2016.

Au milieu de ce grand gloubi-boulga digital, Français et Allemands se sont en tout cas entendus sur un point : la séparation des moyens de défense et d'attaque. Cette position commune tranche avec celle préconisée, notamment, par les Américains qui théorisent depuis plusieurs années le *hack back*, principe selon lequel la victime d'une attaque informatique est légitimement autorisée à répliquer et détruire celui qui l'a agressée. L'idée donne des sueurs froides au patron de l'ANSSI, Guillaume Poupard, qui juge effrayante la perspective d'un grand western digital, dans lequel chacun réglerait ses comptes, où les policiers intègres côtoieraient les chasseurs de primes, les shérifs véreux et les bandits masqués. Le cyberespace doit-il devenir un espace de conflit, une zone de guerre ? Avec la généralisation du *hack back*, les États peuvent répliquer à leur guise et les entreprises qui seraient la cible d'un vol de données pourraient théoriquement se venger en armant des cybermilices, en recrutant des mercenaires pour s'en prendre au concurrent présumé coupable.

En réalité, le cyberespace n'est pas un univers de non-droit. En 2008, un an après la crise estonienne, l'Otan a fondé le Cooperative Cyber Defense Center of Excellence (CCDCOE), établi à Tallinn et composé d'une vingtaine d'experts venus de plusieurs pays membres de l'Otan, pour réfléchir, notamment, à la transposition du droit international aux activités dans le cyberespace. Il s'agissait de donner à un État souverain les outils nécessaires pour analyser légalement les composantes d'une cyberattaque et réagir à une telle agression, tout aussi légalement. En 2013, ce groupe d'experts a publié un document de 638 pages sur les lois internationales applicables à la cyberguerre, le *Manuel de Tallinn*, censé faire référence. « Le *hack back*, ou la légitime défense, n'existe pas dans le cyberespace, explique Loïc Guézo, du groupe Trend Micro. On parle de réponse immédiate proportionnée à l'attaque. » Une notion complexe, car souvent l'attaque n'est identifiée que très longtemps après sa réalisation.

Dans ce cyber Far West, chacun possède ses modes d'action bien particuliers. Directeur adjoint de la NSA de 2006 à 2014, Chris Inglis a recours à la métaphore pour décrire le style des uns et des autres. Imaginons qu'un réseau piraté soit comme une salle de réunion dans laquelle des cambrioleurs se sont introduits, les Chinois emporteraient toutes les chaises et toutes les tables, les Iraniens ou les Nord-Coréens emporteraient la moitié du mobilier après avoir arraché la porte. Quant aux Russes, ils maintiendraient tout en place et laisseraient juste un mégot de cigarette dans une tasse à café.

En réalité, l'attribution de ces actions malveillantes sur les réseaux est extrêmement complexe, voire impossible. Comme le démontrent les mésaventures de TV5 Monde. Le 8 avril 2015, la chaîne internationale francophone a bien failli être rayée du paysage audiovisuel mondial en quelques secondes. À 20 h 40, elle a subitement disparu des écrans, son site Web a été piraté, l'ensemble de ses systèmes ont été corrompus. Le groupe a risqué de disparaître pour de bon. L'opération a été revendiquée par une organisation se faisant appeler le Cyber Califat et peu de temps après les attentats contre le journal satirique *Charlie Hebdo*, l'État islamique apparaissait en effet comme un coupable idéal.

Mais quelques semaines après l'attaque, la direction de la chaîne a reçu des instructions des enquêteurs lui recommandant de rester très prudente sur l'attribution de l'action. En décortiquant le code malveillant à l'origine de la grosse panne de TV5 Monde, les experts ont en effet retrouvé plusieurs lignes écrites en alphabet cyrillique et divers indices leur faisant plutôt pencher pour une autre signature : celle du groupe de hackers russes APT28. Remonter la trace d'un agresseur est une chose. Apporter la preuve de sa culpabilité est une autre paire de manches.

Des hackers en ont fait la démonstration magistrale, le 9 février 2018. Pendant plusieurs heures, les responsables de la cérémonie d'ouverture des Jeux olympiques de Pyeongchang, en Corée du Sud, ont retenu leur souffle. En deux jours, un virus s'est propagé sur les installations du site, rien de bien méchant. Le programme a perturbé les achats de billets en ligne pour les compétitions et le réseau WiFi est tombé en rade, mais la retransmission de la cérémonie puis des épreuves ne seront pas perturbées.

Un complexe hôtelier sur le site semble être à l'épicentre de l'attaque informatique. Le virus retrouvé sur ses serveurs est transmis pour analyse aux meilleurs experts mondiaux en sécurité digitale, qui parviennent tous rapidement à la même conclusion : le malware, baptisé Destroyer, n'a pas été conçu pour détruire, mais simplement pour perturber le déroulement des Jeux olympiques d'hiver. Une autre évidence s'impose aux chercheurs : le programme a été conçu par le groupe Lazarus, une organisation de hackers liés à l'armée nord-coréenne. Le mode de conception et la signature du virus en sont la preuve. Mais en même temps les spécialistes sont convaincus qu'il s'agit d'un leurre, un «*false flag*», comme on dit dans le jargon des spécialistes de la cybersécurité. Ceux qui ont fabriqué Destroyer ont voulu que Pyongyang soit montré du doigt… tout en laissant suffisamment d'indices apparents pour orienter les recherches vers d'autres pistes.

Tout semble en tout cas désigner l'implication d'une nation. Les hackers n'avaient pas de motivations politiques, et n'ont pas cherché à gagner d'argent. Les hypothèses d'une opération menée par un groupe d'hacktivistes ou d'un acte de cybercriminels peuvent donc être écartées. En provoquant le désordre, les auteurs de l'attaque ont d'abord voulu tester un nouveau mode opératoire leur permettant de s'infiltrer dans un système laissant derrière eux de multiples *false flags*, pour semer leurs poursuivants. Dans un bel élan, les experts vont successivement désigner le groupe russe Sofacy, les Chinois de Gothic Panda et Ixeshe et même les Iraniens…

En fouillant au plus profond du programme, les chercheurs russes de la société de sécurité Kaspersky Lab ont cependant décelé un mystérieux « code magique » dans l'une des fonctionnalités apparemment sans intérêt. Converti en format hexadécimal, le fameux chiffre révélait une sorte de nom de code : Deef Bad 7. Dans le monde merveilleux de Walt Disney, les Bad 7 sont une bande de super-méchants qui s'opposent à une troupe de superhéros planétaires. Dans l'univers impitoyable du cyberespace, la formule pourrait être la signature d'un groupe, comme un jalon qui servirait ensuite à authentifier la source de futures attaques. Cette affaire restera en tout cas dans les mémoires comme l'un des plus gros cafouillages de l'industrie de la cybersécurité.

L'hiver en Ukraine. Les tempêtes de neige succèdent aux tempêtes de poussière. Et depuis quelques années, en plus de l'offensive du froid, le mois de décembre marque également l'émergence d'une attaque majeure contre les infrastructures nationales. Depuis 2015, le pays est systématiquement ciblé par des hackers, toujours à la même époque, et particulièrement son réseau d'électricité, régulièrement paralysé par l'action de malwares. La Russie de Vladimir Poutine a été montrée du doigt sans que l'attribution puisse être formellement confirmée.

C'est également en Ukraine que le ransomware[1] Wannacry a fait ses premières victimes, au printemps 2015, avant de se propager à la planète entière et de verrouiller les données de millions d'ordinateurs, dans les entreprises ou chez les particuliers pour réclamer une rançon en Bitcoin afin de les débloquer. À qui profite le crime ? Laurent Heslault, directeur des stratégies du groupe américain Symantec France, a arrêté de se poser ce genre de questions depuis qu'il a observé un pays asiatique – dont il tait prudemment le nom – mener une cyberattaque contre ses propres systèmes d'information pour pouvoir ensuite riposter contre des opposants.

Dans l'affaire du ransomware, au vu de la somme finalement récoltée – quelques dizaines de millions de dollars –, il n'est pas absurde de penser que les motivations des hackers n'étaient pas uniquement

1. Logiciel de cyberrançonnage.

financières. Le retour sur investissement de l'opération est certes loin d'être négligeable mais il est sans commune mesure avec le jackpot récolté par de véritables organisations criminelles, comme le célèbre gang Carbanak.

Dans le cas de Wannacry, estiment certains experts, la demande de rançon aurait aussi pu dissimuler une opération de sabotage menée par un État. Trois mois plus tard, une seconde version du programme, baptisée NotPetya, provoquera des ravages encore plus grands, toujours à partir de l'Ukraine. Cette deuxième vague d'attaques avait également l'apparence d'un ransomware, avec demande de versement de Bitcoin. Mais son objet se révélera purement destructeur : les données des ordinateurs infectés étaient purement et simplement effacées, sans aucun espoir de récupération. Washington et Londres ont accusé Moscou d'être derrière cette opération ciblant prioritairement l'Ukraine, sans apporter de preuve. Le Kremlin, comme à son habitude, a démenti toute implication dans ces attaques. Des hackers chinois et nord-coréens ont ensuite été tour à tour désignés par les spécialistes de la cybersécurité. Ni Pékin ni Pyongyang n'ont fait de commentaire. Comme à leur habitude.

À l'évidence ces deux affaires dépassent le cadre du crime organisé. Car, à l'origine, les hackers ont exploité une faille dans les anciennes versions de Windows : le système d'exploitation de Microsoft.

Et l'affaire dévoile au grand jour une querelle, jusqu'ici restée discrète, entre le géant informatique et la National Security Agency (NSA), l'agence de renseignement américaine, spécialisée dans la sécurité des systèmes d'information. Satya Nadella, le P.-D.G. de Microsoft, ne s'en est pas pris directement à l'organisme ou à son directeur, l'amiral Michael Rogers. Il s'est contenté de retwitter le lien vers un blog, posté le 14 mai, dans lequel le directeur juridique du groupe, Brad Smith, tire les leçons de la cyberattaque et souligne « le besoin urgent d'une action collective pour protéger les gens en ligne ».

Car selon les dirigeants de Microsoft, la responsabilité non intentionnelle du service de renseignement ne fait aucun doute. Les spécialistes de l'agence avaient détecté depuis longtemps cette faille de sécurité, sans en référer pour autant au géant du logiciel, préférant l'utiliser pour leurs propres opérations d'espionnage et de cyberguerre. La NSA a finalement averti Microsoft au début de cette année, après s'être fait subtiliser cette précieuse vulnérabilité par une bande de hackers.

Selon les équipes de Satya Nadella, ce ne serait pas la première fois qu'une telle bévue serait commise par les services américains, avec des conséquences souvent désastreuses. « Dans un scénario équivalent, avec des armes conventionnelles, les militaires se seraient fait voler des missiles Tomahawk », commente Brad Smith sur son blog.

L'analogie faite par le responsable de Microsoft n'est pas anodine. Car c'est bien un stock d'armes de destruction massive que s'est fait subtiliser la toute-puissante agence de renseignement américaine. L'affaire remonte au mois d'août 2016. Un mystérieux groupe se faisant appeler The Shadow Brokers – « les courtiers de l'ombre » – communique pour la première fois sur les réseaux sociaux pour mettre aux enchères une suite d'outils de piratage qu'il affirme avoir volés à un groupe de hackers : The Equation Group. Mise à prix : 100 Bitcoins ou 50 000 euros de l'époque. Farce ou provocation ? The Equation Group fait référence à une bande de hackers aux méthodes extrêmement sophistiquées, dont l'existence a été révélée en 2015 par les chercheurs de Kaspersky Lab. Elle serait notamment responsable du malware Regin, un outil de cyberespionnage qui a sévi entre 2011 et 2014, un code très sophistiqué, développé par un État et qui visait notamment la Russie et l'Arabie saoudite. Il permettait de mener des opérations de surveillance à grande échelle.

The Equation Group sont des grands spécialistes des attaques de type APT – Advanced Persistant Threat ou « menace persistante avancée ». L'expression désigne un type d'attaques ou un groupe d'individus menant ce style d'opérations, dont le but est avant tout l'espionnage et la surveillance. Elles nécessitent un niveau de dissimulation extrême et impliquent de pouvoir installer un programme malveillant dans des ordinateurs pour y collecter des informations sans que leurs utilisateurs le détectent. Les APT n'ont pas de motivations économiques mais ils nécessitent des moyens humains et financiers que seuls les gouvernements peuvent s'autoriser.

The Equation Group est une unité d'élite de la NSA. Les armes en question sont toutes des Zero Day, des vulnérabilités découvertes dans des logiciels, qui n'ont pas encore été rendues publiques et pour lesquelles il n'existe encore aucun correctif. L'agence américaine possède l'un des plus grands parcs de Zero Day au monde qu'elle exploite pour ses propres besoins, évitant soigneusement de les signaler et de supprimer ces failles sur les réseaux. Des failles qui peuvent apparaître dans tout type de programmes : système d'exploitation, navigateur Internet, système de messagerie, application pour smartphone… Les pirates peuvent exploiter cette vulnérabilité pour y installer des bouts de codes à des fins d'espionnage, de vol ou de destruction pure et simple. L'utilisation de cette vulnérabilité est qualifiée d'« exploit » par les professionnels.

En apparence, les membres de The Shadow Brokers étaient motivés par l'argent. Leur première mise en vente aux enchères n'a apparemment pas rapporté le magot escompté. Et le 16 mai 2017, en pleine déferlante du malware Wannacry, les hackers ont à nouveau fait parler d'eux sous la forme d'un message publié dans un anglais très approximatif. Faute d'acheteur sérieux pour l'arsenal cybernétique américain, dont ils ont pourtant réussi à démontrer la capacité dévastatrice, ils ont donc décidé de proposer un tout nouveau service, sous forme d'abonnement, avec mise à disposition, chaque mois, d'une nouvelle version de virus.

Au-delà de cette communication très commerciale, les experts en cybersécurité s'interrogent encore sur les motivations réelles des Shadow Brokers. L'un des buts des pirates aurait pu être de rendre cette faille de sécurité inutilisable par les services de renseignement américains en obligeant Microsoft à diffuser, auprès de ses utilisateurs, un programme corrigeant cette faille de sécurité. À l'inverse, certains spécialistes pensent même que la NSA aurait pu elle-même laisser fuiter cet arsenal, le considérant comme obsolète, pour démontrer son savoir-faire, sa capacité de surveillance et de destruction. Une manœuvre de dissuasion, en quelque sorte. Les chercheurs de Kaspersky Lab, en dévoilant cette plateforme de cyberespionnage, n'avaient-ils pas salué le très haut niveau de sophistication de ces outils ?

Derrière cette opération pourrait également se dissimuler l'action d'un groupe d'activistes – d'hacktivistes – qui cherchent à démontrer le rôle obscur joué par les agences de renseignement dans le cyberespace. Pour renforcer leur arsenal d'armes de destruction ou d'outils d'espionnage, les États sont prêts à dépenser des fortunes. Un véritable business du Zero Day s'est d'ailleurs développé ces dernières années à l'échelle planétaire.

Des sociétés comme Zerodium, fondée aux États-Unis par le Français Chaouki Bekrar, à la réputation sulfureuse, se sont spécialisées dans la recherche de ces vulnérabilités. Elles offrent des primes conséquentes à qui leur apportera ces failles – une défaillance exploitable dans le système d'exploitation du Mac d'Apple, par exemple, sera rémunérée à hauteur de 1,5 million de dollars. En principe ces vulnérabilités détectées font ensuite l'objet d'une publication détaillée assortie de recommandations pour colmater la brèche et la rendre inexploitable. C'est sur ce travail que se rémunèrent normalement ce genre de sociétés. Mais la plupart revendent leurs trouvailles à des gouvernements qui les intègrent dans leurs arsenaux de surveillance ou d'espionnage. Le cycle de vie d'un exploit peut s'étaler sur plusieurs mois, voire plusieurs années. Il peut être revendu sur le darknet et réutilisé à volonté, tant que son existence n'a pas été révélée. Et les États contribuent activement à ce trafic.

Le 20 mars 2018, l'État d'Israël a confirmé être à l'origine d'une autre attaque, dans le monde bien réel cette fois : le bombardement, à la fin de 2007, de l'installation d'Al-Kibar, en Syrie. Situé à 450 kilomètres au nord-est de Damas, le site abritait en réalité tout une infrastructure de fabrication d'armes nucléaires, selon des informations collectées par le Mossad. Il avait été développé avec la collaboration d'ingénieurs nord-coréens, dont une dizaine auraient péri durant l'attaque aérienne. L'opération Orchidée, nom de code à l'intervention secrète, avait nécessité de longs mois de préparation sur le terrain, mais aussi dans le cyberespace. Les États-Unis ayant refusé de s'associer à cette expédition à hauts risques, les militaires israéliens avaient eu recours à des moyens peu conventionnels.

Le 5 septembre 2007, à 22 h 30, quatre chasseurs F-16 décollaient des bases de Ramon et Hatzerim, situées dans le sud-ouest du pays. Quatre heures plus tard, les appareils regagnaient leur base sans dommage après destruction totale des installations. Durant toute l'opération, les pilotes des F-16 ont profité d'une précieuse information qui leur avait été transmise quelques semaines plus tôt par des contacts russes. Selon Pierre Racz, « l'attaque n'aurait jamais pu être menée si les Russes n'avaient pas vendu à l'État hébreu les informations sur une faille de sécurité dans les logiciels des radars de surveillance de fabrication française utilisés par l'armée syrienne ».

Il est rare que Tsahal, l'armée israélienne, recoure à des outils de piratage ou de sabotage développés par d'autres. Comme toute grande puissance qui se respecte, elle préfère utiliser des codes qu'elle a elle-même mis au point et qu'elle contrôle à 100 %. C'est la seule garantie d'obtenir les résultats escomptés tout en optimisant ses chances de rester sous le radar. Et Israël possède quelques-uns des meilleurs experts planétaires en la matière : l'unité 8200, fondée en 1952 et rattachée au ministère de la Défense.

L'organisation très secrète fonctionne comme une véritable start-up. Ses responsables ont leurs antennes dans toutes les écoles du pays pour détecter les talents les plus prometteurs dès le plus jeune âge. Quelques-unes des plus belles entreprises israéliennes, comme Waze, Checkpoint ou Radeware trouvent d'ailleurs leurs racines dans l'unité 8200.

L'unité, qui comprend plus de 7 500 membres, est à l'origine de la création du virus Stuxnet, révélé en 2010. Développé en collaboration avec la NSA, ce malware très sophistiqué a notamment sévi en 2009, endommageant prioritairement des installations industrielles comme des plateformes de forage pétrolier ou des stations d'alimentation en eau potable. Mais ses véritables cibles étaient exclusivement iraniennes : la centrale nucléaire iranienne de Bouchehr, sur le Golfe persique et l'usine d'enrichissement d'uranium de Natanz, dans le nord du pays. Stuxnet avait notamment la propriété d'agir sur la vitesse des centrifugeuses nécessaires à la fabrication du combustible. Il pouvait la réduire, bloquant ainsi la fabrication, mais aussi l'accélérer brutalement, jusqu'à faire exploser les appareils, sans risquer d'endommager la centrale elle-même.

Aujourd'hui encore, cette attaque est considérée comme l'une des plus ingénieuses menées par une coalition de pays dans le cyberespace.

Brian Bartholomew connaît bien les nouveaux enjeux géopolitiques de ces cyberguerres. Il a longtemps travaillé comme sous-traitant pour le département de la Défense où son job consistait à protéger les systèmes d'information des ambassades américaines un peu partout dans le monde. Il a également travaillé quelque temps dans les Émirats arabes unis avant de revenir à Washington. En 2015, il a quitté l'administration américaine pour rejoindre Kaspersky Lab, le géant russe de la cybersécurité, installé aux États-Unis. Il y étudie notamment les malwares originaires de Russie susceptibles de causer des dommages aux infrastructures publiques et privées américaines.

En une décennie, il a vu les États glisser des activités de cyberespionnage vers les techniques de plus en plus sophistiquées de cyberguerre. Il constate l'utilisation croissante de logiciels malveillants pour perturber les agendas politiques, comme aux États-Unis lors de l'élection présidentielle ou en Grande-Bretagne au moment du vote du Brexit, et le recours à des malwares destructeurs pour endommager voire détruire l'infrastructure d'un pays, comme en Estonie ou en Ukraine. Malgré sa longue expérience et son observation de tous les coups tordus imaginables, il se dit encore surpris de la tournure des événements : il est devenu totalement acceptable pour les gouvernements de mener des attaques aux conséquences parfois dévastatrices en utilisant des méthodes autrefois réservées aux organisations criminelles.

La Corée du Nord est l'incarnation de cette nouvelle doctrine. De l'avis de nombreux spécialistes,

Kim Jong-un, le chef suprême, n'aurait pas les moyens de mener une cyberguerre de grande envergure, malgré toutes les gesticulations dont il est capable. « Le pays connaît de graves pénuries d'électricité, son infrastructure de télécommunications repose sur cinq points d'accès à Internet contrôlés par la Chine et ils n'ont pas les cerveaux pour mener efficacement ce type d'opérations », estime Erwan Keraudy, cofondateur de la société de cybersécurité Cybelangel.

La signature de hackers nord-coréens a toutefois été décelée ces dernières années dans plusieurs attaques spectaculaires. Leur spécialité : le vol d'argent. Pour le chercheur en cyberstratégie Laurent Bloch, leurs ingénieurs sont très bien formés et sont probablement les moins chers au monde puisque la plupart d'entre eux travaillent sous la contrainte. Difficile d'évaluer précisément la puissance de feu de la dictature dans le cyberespace, mais selon diverses sources, une unité spéciale de l'Armée populaire de Corée comprenant au moins 5 500 militaires serait à pied d'œuvre.

Pyongyang possède également ses propres groupes d'attaquants. Le plus célèbre reste Lazarus, actif depuis au moins 2009. De nombreuses attaques à but financier lui ont été attribuées sans qu'aucune preuve formelle vienne confirmer les liens entre les hackers et le régime nord-coréen. Mais en 2017, Kaspersky Lab a pour la première fois établi une relation entre une adresse IP en Corée du Nord et des serveurs installés en Europe, qui avaient été utilisés en 2016 pour le piratage du compte de la Banque centrale du Bangladesh à la Réserve fédérale de New York, en 2016, au cours duquel 81 millions de dollars ont été dérobés.

Plus récemment, les agissements d'autres groupes APT liés à Pyongyang ont été dévoilés, comme ScarCruft, en 2016 : le gang exploitait une vulnérabilité dans Adobe Flash et dans le navigateur Explorer de Microsoft pour pénétrer les serveurs d'entreprises un peu partout dans le monde.

En février 2018, la société FireEye a publié une étude sur les agissements d'un nouveau groupe baptisé Reaper, et dont l'activité principale semble consister en des missions d'espionnage et de collecte d'informations sur des cibles gouvernementales et privées en Corée du Sud, mais aussi au Japon, au Vietnam, ou encore au Moyen-Orient. Dans le contexte de tensions généralisées entre Pyongyang et le reste du monde, l'évolution des pirates nord-coréens vers des tâches de renseignement n'est guère surprenante. Cet affrontement ne peut occulter une autre réalité : dans le cyberespace, la principale ligne de front réside aujourd'hui entre les États-Unis et la Chine, les deux seules superpuissances digitales.

En septembre 2015, Barack Obama, alors président des États-Unis, et son homologue chinois Xi Jinping se sont entendus pour mettre un terme à l'escalade et éviter un conflit digital généralisé entre les deux superpuissances. Les deux hommes se sont isolés durant deux heures, pour un dîner informel, à Washington. Et ils se sont finalement entendus. « La confrontation mènera à des pertes des deux côtés », avait alors admis le leader chinois. En vertu de cet accord, les deux camps s'abstiendraient de toute action visant à voler des données sensibles susceptibles de lui donner un avantage commercial. Et selon Washington, le pillage dure depuis des décennies, très précisément depuis le mois de mars 1986 et la naissance du Programme 863, initié par un groupe de chercheurs chinois.

Les chiffres 86/3 correspondent à l'année et au mois du lancement de ce projet approuvé par Deng Xiaoping, alors secrétaire général du Parti communiste chinois, consistant à rendre le pays indépendant des Occidentaux par l'acquisition systématique de technologies indispensables à son développement rapide. Un programme ambitieux qui n'écartait aucun moyen et qui permit à l'empire du Milieu d'accélérer de façon spectaculaire dans les domaines du spatial, de l'informatique ou des biotechnologies.

Plusieurs scientifiques et militaires chinois ont été accusés par les Américains d'espionnage économique et de vol de propriété intellectuelle. Selon Washington, la Chine aurait réussi à siphonner pour plusieurs centaines de milliards de dollars de secrets industriels depuis la fin des années 80. Et lorsque Barack Obama et Xi Jinping se retrouvent pour tenter de faire la paix digitale, la tension est à son comble.

Washington accuse notamment Pékin d'être à l'origine d'un immense braquage digital découvert quelques mois seulement avant la rencontre entre les deux hommes d'État. En juin 2015, des hackers ont pénétré les systèmes d'information de l'Office of Personnel Management (OPM), qui gère les effectifs du gouvernement et attribue des centaines de milliers d'accréditations aux fonctionnaires fédéraux chaque année. Au total, plus de 4 millions d'employés – actuels et anciens – de l'administration américaine auraient vu leurs données personnelles piratées. Il s'agissait de la deuxième tentative d'intrusion sur les serveurs de l'OPM après celle détectée en juin 2014.

À l'instar de nombreux experts du monde de la cybersécurité, Brian Bartholomew est convaincu que la Chine poursuit indirectement ses activités de pillage de données. Ses services de renseignement ont probablement recours aux prestations de mercenaires pour mener à bien leurs actions.

Mais le pays dispose aujourd'hui des moyens et du savoir-faire pour mener les opérations les plus sophistiquées sans être détecté. L'arsenal de cyberguerre déployé par Pékin au cours de la période récente est impressionnant. Le pays disposerait à lui seul d'une vingtaine de groupes APT. Et la société de sécurité américaine Mandiant a publié, en 2013, une étude très détaillée sur le fonctionnement et l'organisation des divisions de cyberguerre au sein de l'Armée populaire de libération (APL).

Rachetée depuis par son concurrent FireEye, l'entreprise et ses quelque 300 chercheurs ont mis au jour, pour la première fois, les agissements de la Chine dans des activités de cyberespionnage à très grande échelle, documentant les faits en remontant jusqu'en 2006. Au moins 130 000 militaires seraient engagés au sein de l'APL dans des activités liées à la cyberdéfense et répartis dans une douzaine de bureaux. Le rapport s'intéresse tout particulièrement au deuxième bureau, l'unité 61398.

Installée à Shanghai, dans le quartier de Pudong, elle occupe un bâtiment d'une douzaine d'étages comprenant plus de 12 000 mètres carrés. Environ 2 000 personnes y travaillent, toutes anglophones, dotées de fortes aptitudes en mathématiques et conception de circuits intégrés, avec le goût du travail en équipe. Également connue des spécialistes sous le nom d'APT1, cette unité constituerait l'un des groupes de hackers les plus productifs en matière de cyberespionnage.

Entre 2006 et 2013, l'unité 61398 a infiltré pas moins de 141 organisations, entreprises ou entités gouvernementales, y installant ses malwares – mouchards silencieux – et les laissant en place durant des mois, parfois des années. Sa technique favorite : le Spear Phishing, un mélange d'engineering social – pour connaître le fonctionnement et les faiblesses de ses cibles – et d'hameçonnage – cette pratique consistant à introduire des programmes malveillants dans des ordinateurs *via* des courriers électroniques[1]. Les Chinois sont des grands spécialistes de cette technique. Selon Pierre Racz, en 2013, près du quart des logiciels de phishing étaient envoyés depuis Shanghai par des membres de l'Armée populaire de libération.

Parallèlement à l'accroissement de ses moyens offensifs, Pékin s'est dotée d'un impressionnant dispositif de cyberdéfense, au cours des deux dernières décennies. Les Occidentaux le surnomment *The Great Firewall*, en référence à la Grande Muraille. Sa fonction première est de renforcer la censure et de contrôler les échanges entre les internautes chinois. Selon l'expert français en cybersécurité Philippe Gaillard, « La Chine est tout à fait capable de se couper d'Internet et de vivre en autarcie, ils l'ont fait durant un quart d'heure en 2016, en guise de test grandeur nature. En théorie, elle pourrait donc échapper aux armes de destruction massive des Américains ».

L'empire du Milieu n'a pas fini de nous surprendre. Ni de nous inquiéter… Depuis quelques années, une compétition technologique s'est engagée entre les superpuissances planétaires sur le terrain de

1. Le principe du phishing est de récupérer des données personnelles sur Internet. Le moyen utilisé est l'usurpation d'identité, adaptée au support numérique. L'escroquerie repose le plus fréquemment sur la contrefaçon d'un site Internet (celui d'une banque ou d'un marchand en ligne) dans lequel vous auriez *a priori* confiance. L'adresse URL du lien comprise dans le mail est également « masquée » afin de paraître authentique.

la physique quantique. Et dans cette nouvelle course à la construction du premier ordinateur quantique, la Chine serait en train de prendre l'avantage sur son adversaire américain. En 2016, ses chercheurs ont ainsi annoncé avoir lancé le premier satellite de communication quantique et, l'année suivante, ils seraient parvenus à envoyer depuis l'espace le premier message codé incassable. Et si la Chine maîtrise la technologie pour rendre inviolables des communications cryptées, elle possède également tout le savoir-faire pour casser n'importe quel code. Et connaître tous nos secrets.

CHAPITRE 3

PROFILS DE HACKERS NÉS

> « Il n'y a pas de bien ou de mal, il n'y a que le fun et l'ennui. »
>
> The Plague – *Hackers*

Daniel Smith se présente comme un ancien hacker. La petite quarantaine, look de nerd, il officie aujourd'hui comme chercheur chez Radware, une société israélienne de cybersécurité. Son parcours est surprenant : Daniel était architecte d'intérieur en Californie. Parmi ses chantiers de référence, il évoque, avec un brin de gourmandise, la rénovation du quartier général du FBI de Los Angeles : 18 étages à repenser entièrement… Mais il n'était pas encore hacker à l'époque.

En 2007, il perd son boulot. La crise financière le laisse sur le carreau pendant de longs mois. Il déprime, sa copine le quitte… Alors Daniel passe ses journées et ses nuits enfermé chez lui à surfer sur Internet. Il y côtoie ses premiers « moutons noirs », des gamins de quinze à vingt ans, qui font leur loi sur le réseau mondial. Il sympathise avec eux sur les forums et commence à fréquenter les premières grandes conférences de pirates, comme la Def Con, qui se tient chaque été à Las Vegas. Lancé en 1993, l'événement s'est quelque peu gentrifié au fil des ans et accueille désormais journalistes, hommes de loi, ou représentants de sociétés de sécurité informatique. Le FBI y envoie également ses meilleurs éléments.

Habituellement avare de ses apparitions publiques, le général Keith Alexander, grand patron de l'agence nationale de sécurité américaine, la toute-puissante NSA, jusqu'en 2014, est venu y faire un discours en 2013, en pleine affaire Snowden. Une opération séduction destinée à rassurer la communauté des spécialistes en cybersécurité tout autant que les hackers : l'agence américaine est l'un des plus grands employeurs d'informaticiens aux États-Unis. Certains sont d'anciens délinquants réhabilités, beaucoup s'engagent avec ferveur. L'idéalisme et le patriotisme sont des valeurs partagées par beaucoup de hackers à travers le monde. Il y a quelques années, lors d'une conférence à Singapour, Daniel Smith a bien failli en venir aux mains avec un hacker chinois qui n'a pas apprécié l'inscription sur son T-shirt disant « *I'm with the NSA* »…

Au cours des récentes éditions, la conférence de Las Vegas a accueilli plusieurs dizaines de milliers de participants et quelque 25 000 hackers, venus du monde entier. « On y rencontre, dans la vraie vie, tout un tas de gens avec lesquels on a dialogué sur les réseaux tout au long de l'année », explique Daniel Smith. Lui-même mène une forme de double vie quand il va à Vegas. Le jour, il fait bonne figure. Il déambule entre les stands des grandes compagnies de cybersécurité, de plus en plus imposants chaque année. Il donne des conférences, discute avec les clients, rencontre quelques journalistes… Mais la nuit, il plonge dans le Def Con Underground, une sorte de rendez-vous « off » du hacker.

Ici pas de journalistes ni de policiers. Les photos sont évidemment prohibées. « Ils m'ont longtemps testé pour s'assurer que je n'étais pas flic ou espion », raconte-t-il. Le Def Con de Las Vegas est devenu une grande foire professionnelle. Mais dans ces milieux doubles et secrets, la méfiance reste de mise, car la frontière de la légalité est ténue et mouvante. Lors de l'édition 2017, au début du mois d'août, Marcus Hutchins, un jeune hacker britannique, a été interpellé par le FBI à l'aéroport de Las Vegas alors qu'il s'apprêtait à embarquer. La Justice américaine l'accuse d'être le créateur du malware Kronos. Entre 2014 et 2015, le programme malicieux était disponible à l'achat pour 2 000 dollars sur le Dark Web, la face cachée du cyberespace qui n'est pas référencée par les moteurs de recherche les plus courants comme Google ou Bing de Microsoft. Les services de police du monde entier étaient sur les dents : Kronos permettait tout bonnement à ses utilisateurs de siphonner des comptes bancaires.

Marcus Hutchins encourt une peine de quarante ans de prison. Quelques jours avant son arrestation, il était pourtant considéré comme un demi-dieu. Le jeune homme de vingt-trois ans, expert reconnu en cybersécurité, avait réussi à endiguer la propagation du ransomware Wannacry, qui a fait des centaines de milliers de victimes durant le printemps 2017. Pour sa bonne action, il s'était même vu remettre une récompense de 10 000 dollars par la plateforme de chercheurs en cybersécurité HackerOne, établie à San Francisco.

Cet épisode résume toutes les contradictions de l'univers très complexe des hackers. Kevin Mitnick, *alias* le Condor, célèbre pirate informatique des années 80, aujourd'hui âgé de cinquante-cinq ans, a réussi à pénétrer les systèmes d'information de Motorola, de Nokia ou du Pentagone. Il a purgé plusieurs années de prison avant de créer une prospère société de sécurité informatique, la Mitnick Security Consulting. En une phrase, Daniel Smith résume toute l'ambiguïté de la situation de hacker : « Nous avons besoin de ces forces négatives pour comprendre ce qui se passe et endiguer les menaces. »

Hacker. Jusqu'au milieu du XXe siècle, le verbe anglais aurait eu une signification assez proche du mot hacher : couper avec des coups lourds de façon irrégulière ou aléatoire, tel que le définissait alors l'Oxford English Dictionnary. L'expression a pris son nouveau sens dans les années 50, près de Boston, au prestigieux Massachusetts Institute of Technology – le MIT. Dans la retranscription d'une réunion du 5 avril 1955 d'une association d'étudiants, le Tech Model Railroad Club, l'un des membres entre dans la postérité en prononçant ces quelques paroles : « M. Eccles demande que tous ceux qui travaillent ou hackent sur le système électrique coupent le courant pour éviter que les plombs ne sautent. »

Pour la première fois, le terme était précisément associé à une machine. Un hacker était celui qui tentait de régler un problème technologique de façon créative en évitant de suivre les cheminements habituels. Et dans les années 80, avec l'avènement de l'ordinateur personnel, le mot entrera dans le langage courant des jeunes informaticiens. Aujourd'hui, le verbe ou le nom hacker répondent à une bonne dizaine de définitions. Au gré de la littérature sont apparus les profils de *white hat*, *black hat* ou *grey hat* – « des casques blanc, noir ou gris » – selon que l'on se trouve du côté clair ou obscur de la force.

La plupart des hackers contemporains aiment se référer à 1984 pour marquer l'origine de leur mouvement, rien à voir avec le sombre roman d'anticipation de George Orwell. Ils font référence à l'année de publication du livre de Steven Levy, *Hackers – Heroes of the Computer Revolution*, paru en France en 2013, sous le titre *L'Éthique des hackers*. Le livre de Levy décrit la culture et la philosophie de ces bidouilleurs de code, les *white hats*, ces bons hackers, artistes du digital dont le but premier est d'aider leur prochain.

À la même époque, le 8 janvier 1986, est publié le « Manifeste du hacker », un court article qui paraît dans le magazine *Phrack*, une revue underground électronique qui circule sous la forme de fichiers informatiques. Écrit par le hacker Loyd Blankenship, *alias* the Mentor, peu après son arrestation par la police américaine, le document est perçu à l'époque – et encore aujourd'hui – comme l'un des textes fondateurs de la contre-culture des hackers.

À l'époque, le nom « Internet » commençait tout juste à circuler, mais le grand public n'y avait pas accès. Et les dizaines de milliers de gamins passionnés de bidouille informatique et électronique se jetaient sur tous les écrits traitant de ces sujets. Ce manifeste leur donnait une direction, une ligne de conduite et les aidait à prendre conscience de leur pouvoir et du choix manichéen qui s'offrait à eux : nuire à autrui ou aider l'humanité à utiliser sans risque ces nouvelles technologies, tout en mettant en garde contre ces potentielles menaces. Leur message a eu du mal à passer. Ils étaient jeunes quand ils ont commencé à semer la pagaille dans les réseaux des entreprises ou à compromettre les systèmes de paiement, pourtant réputés hautement sécurisés mis en place par les banques.

En France, ils se nomment Jonathan Salwan, Damien Cauquil, Jonathan Brossard, Sébastien Andrivet ou Renaud Lifchitz. Tous travaillent aujourd'hui pour des entreprises spécialisées en cybersécurité, ou ont fondé leur start-up dans ces domaines à fort potentiel, et générateurs de cash.

Guillaume Vassault-Houlière était de ceux-là. Il a chapeauté la sécurité des systèmes d'information de Qwant, le moteur de recherche européen, et il a lancé sa boîte, YesWeHack, une plateforme de Bug Bounty, des tests d'intrusion destinés à détecter les vulnérabilités dans les réseaux des grandes entreprises ou administrations. Mais au fond de lui, il reste un pur hacker. Une histoire classique : il a grandi en Normandie, dans la région de Rouen. Son père était menuisier. Lui s'est formé à l'électronique avant de se tourner vers l'informatique et de commencer à côtoyer les membres de la communauté. Il communiquait à l'époque *via* le système de messagerie IRC – Internet Relay Chat ou « discussions relayées par Internet » –, un projet underground, pas très sécurisé, mais qui était utilisé depuis sa naissance, à la fin des années 80, par les communautés de hackers pour échanger. Il fréquente alors les Américains de DevCon, fondée en 1993 par Jeff Moss, un gamin de dix-huit ans, devenue la plus grande conférence mondiale de hackers, les Allemands du Chaos Computer Club et, bien sûr, les Français de *Hackerz Voice*, ou HZV, le journal des hackers sorti en kiosques en 2000 avec son slogan prometteur : « *HZV will never die* ».

Un brin provocatrice, la petite bande n'a que de bonnes intentions : Faire la démonstration de son art tout en pointant du doigt les failles qui menaçaient déjà à l'époque l'intégrité des réseaux, à l'heure où la planète entière se jetait dans le grand bain de l'Internet. Tout en respectant la loi française, le même groupe de passionnés donnera naissance, une décennie plus tard, à La Nuit du hack, qui s'est imposé comme le rendez-vous incontournable de la communauté française des hackers. Et le bimestriel a connu un joli succès d'estime, sa diffusion grimpant à 60 000 exemplaires grâce à ses confidences de pirates informatiques. Jusqu'au 26 septembre 2002.

Une dizaine de membres du collectif décide d'organiser une conférence de presse au cours de laquelle ils comptent dévoiler les failles de sécurité qu'ils ont décelées dans les sites Web d'une dizaine de banques françaises. Selon eux, un néophyte en informatique serait capable de pénétrer à l'intérieur de ces systèmes et ils entendent bien le démontrer publiquement. Ces casques blancs envisageaient de publier ces failles dans *Hackerz Voice*.

Ils avaient pris soin de prévenir les établissements bancaires une dizaine de jours avant leur opération coup de poing, leur laissant largement le temps de corriger la faille. Mais certains n'apprécient apparemment pas d'être pris en défaut. Ou peut-être ont-ils peur de cette bande de jeunes geeks qui leur font la leçon. Loin d'exprimer leur reconnaissance, ils portent plainte contre les hackers. Le jour de la conférence de presse, la police fait irruption dans la salle. Il s'agit d'agents de l'OCLCTIC – ou encore de l'Office central de lutte contre la criminalité liée aux technologies de l'information et de la communication. C'était encore une époque où les forces de l'ordre, totalement dépassées par ce phénomène de piratage informatique, pensaient que la réplique passait par la précision de la définition de leur action.

Tous les hackers organisateurs de l'événement sont interpellés, risquant une amende de 15 000 euros et une peine d'un an d'emprisonnement. Ils seront finalement relâchés. Mais le *Hackerz Voice* doit arrêter sa parution. Il sera remplacé par *Zi Hackademy*, qui disparaîtra trois ans plus tard. « Les choses ont un peu évolué depuis, mais nous étions vus alors comme des méchants », déplore Guillaume Vassault-Houlière.

Les sales gosses mènent alors la vie dure aux services de police, aux banques, aux sociétés informatiques et à leurs innovations technologiques, qu'ils s'amusent à démonter, à dézinguer. Le hacker Christophe Devine fait parler de lui avec Aircrack, une suite de programmes de surveillance des réseaux sans fil, dont l'objectif principal est de casser les clés WiFi WEP et WPA, utilisées pour sécuriser les connexions en WiFi.

De son côté, Renaud Lifchitz a dévoilé des failles dans la sécurité des cartes visa, qui ne l'a pas remercié. Bien au contraire. Lui aussi a eu droit à ses épisodes de garde à vue. « Ceux qui ont plus de trente ans sont tous des autodidactes passionnés », explique-t-il. Son père électronicien n'a pas été étranger à cette distraction obsédante. Il a touché son premier ordinateur à l'âge de cinq ans, un PC XT-8086. C'était en 1987. Il a appris le langage informatique Basic en même temps qu'il apprenait le français. L'Internet n'était pas accessible à l'époque. Le jeune Renaud passait des soirées entières à étudier des magazines spécialisés expliquant les techniques du codage, de la programmation. Surtout, l'apprentissage passait par le jeu vidéo. Il rentrait dans les lignes de code pour apporter les modifications qui lui permettraient de gagner. C'était sa première expérience de *reverse engineering*, « l'ingénierie inversée » qui constitue aujourd'hui la base des travaux de tous les chercheurs en cybersécurité : décortiquer le code pour comprendre comment il fonctionne. Avec ses camarades de collège, ils s'échangeaient des sauvegardes de jeux dont le code avait été trafiqué par leurs soins, pour remporter la partie à tous les coups. Et surtout pour prouver aux autres leur savoir-faire.

Quand il décrit son travail, cet artiste du code parle avec enthousiasme de failles dans les protocoles génériques. Son dada. Il ne s'intéresse pas aux bugs d'implémentation. En clair, il porte ses recherches sur les vulnérabilités de très haut niveau, très sophistiquées. Une vulnérabilité, comme son nom l'indique, est une faille dans un programme, comme une porte ou une fenêtre laissée ouverte dans une maison, et qui permet au hacker de s'introduire plus ou moins facilement à l'intérieur. Et dans l'univers des connexions sans fil, l'une de ses spécialités, les possibilités sont de plus en plus nombreuses.

Il cite l'exemple des réseaux Sigfox et Lora, spécialement conçus pour les objets connectés. Ici, la vulnérabilité est carrément la norme : la faille se situe dans le design même des systèmes, explique le hacker qui travaille aujourd'hui comme chercheur pour Econocom Digital Security.

À quelques pas de son bureau, Damien Cauquil a suivi pratiquement le même parcours. Lui aussi est une célébrité dans la petite communauté des hackers français. Il a touché son premier ordinateur vers l'âge de neuf ans. Son père était développeur pour l'armée et avait la fâcheuse habitude de protéger la machine par des mots de passe. Qu'à cela ne tienne : avec ses frères, ils mettaient au point des techniques pour contourner les sécurités du paternel. Qui ne semblait pas s'offusquer outre mesure de l'indiscipline de sa progéniture. Au contraire : en guise de récompense, il leur enseigna la cryptologie.

Damien Cauquil se voit avant tout comme un développeur. Son truc, c'est d'expliquer à la machine les différentes étapes qu'elle doit suivre pour résoudre un problème, de « trouver des solutions ultimes ». Au lycée, il avait pris le contrôle de la salle informatique en réussissant à désactiver le mot de passe « administrateur » sur tous les ordinateurs. Pour rigoler, il avait aussi conçu un programme qui lui permettait de déchiffrer des fichiers photo cryptés. Bref, le jeune lycéen s'amusait beaucoup à faire sauter des verrous.

L'analogie n'est pas fortuite : dans les conférences de hackers des concours de cassage de cadenas sont souvent organisés, en utilisant les techniques les plus biscornues. Avec une imprimante 3D, il est facile de fabriquer une fausse clé. Le « *lock picking* » fait partie de la philosophie des hackers : on vient à bout d'un verrou comme on parvient à déchiffrer un message ou un fichier crypté.

Damien Cauquil ne voulait pas se contenter de casser, il voulait aussi comprendre, savoir comment modifier un programme pour changer son comportement. En intégrant sa première année de prépa, en 2002, il a eu accès pour la première fois à Internet. Et bien sûr, aux premiers sites expliquant comment pirater des logiciels. À dix-huit ans, il en savait assez pour raconter sa propre expérience et publier régulièrement des articles dans *Zi Hackademy*. La consécration. Avant de faire partie de l'équipe fondatrice de La Nuit du hack, en 2003.

Leur état d'esprit est évidemment à des années-lumière de celui de Jean-Bernard Condat, un hacker très médiatique durant les années 90, qui a travaillé comme consultant pour la Direction de la surveillance du territoire (DST) – l'ancien service du contre-espionnage français – et a même tenté de lancer une version française du Chaos Computer Club, pour faciliter le travail de fichage des services de renseignement. Rien à voir avec l'objectif de La Nuit du hack, qui était, dès son origine, de faire connaître la sécurité informatique au grand public, de lui enseigner les méthodes d'attaque pour pouvoir mieux se défendre. « Nous mettions en avant la sécurité offensive », explique aujourd'hui Damien Cauquil.

Quelques années plus tard, Mohammed Boumediane a adopté la même ligne de conduite. Originaire de Limoges, il participait dès l'âge de quatorze ans à des concours de hacking, un peu partout en France. Ce spécialiste en cryptographie a démarré sa carrière chez Vupen Security, une société de Montpellier, spécialisée dans la recherche de vulnérabilité dans les programmes informatiques, fondée en 2004 par Chaouki Bekrar, un chercheur parti lancer sa boîte aux États-Unis.

Mohammed Boumediane s'est construit une petite réputation dans le domaine de la sécurité informatique et, à partir de 2010, il a commencé à donner des conférences au cours desquelles il livrait ses vérités. Très tôt, il a dénoncé l'obsolescence des antivirus et stigmatisé les méchantes habitudes des fabricants d'antivirus qui livrent leurs produits avec un petit malware à l'intérieur pour que le client ait le sentiment d'en avoir pour son argent.

Ziwit, l'entreprise qu'il a créée à Montpellier, prend le problème de la cybersécurité à l'envers. Au lieu d'installer des antivirus chez ses clients, elle bombarde leurs réseaux d'attaques automatisées pour tester leurs lignes de défense et détecter leurs vulnérabilités, pour mieux les traiter. L'homme se considère un peu comme un magicien de la sécurité informatique. « Je peux rentrer dans n'importe quel système », assure-t-il. Preuve à l'appui, il raconte la visite du préfet dans ses locaux ultra-sécurisés et comment il est parvenu, facilement, à pirater le smartphone du haut fonctionnaire. Pour les besoins de la démonstration, bien sûr.

« Faire le bien ou le mal… j'ai dû prendre cette décision quand j'avais quinze ans, à Tel Aviv », raconte la hackeuse Keren Elazari. À l'époque, on la prenait pour un garçon, avec sa coupe au bol et ses tenus de geek. Son modèle était Angelina Jolie, héroïne du film *Hackers*, sorti en 1995, qui raconte l'histoire d'une bande de gamins qui se démènent pour stopper la propagation d'un virus informatique. Aujourd'hui, cette spécialiste en cybersécurité donne des conférences un peu partout dans le monde pour sensibiliser l'opinion aux nouvelles menaces digitales et aux vertus des hackers éthiques, qui offrent leur science pour faire du cyberespace un endroit plus sûr.

Elle fait partie des rares femmes à évoluer dans ce milieu essentiellement peuplé de jeunes hommes ingénieurs. Les choses changeront peut-être un jour grâce à l'action de certaines comme l'Américaine Tarah Wheeler, qui fréquente l'univers des hackers depuis une vingtaine d'années et a publié un livre, *Women in Tech*, expliquant aux femmes, de façon très pratique, comment elles peuvent faire carrière et s'épanouir dans ces métiers technologiques.

Définir ce qu'est un hacker est un exercice complexe. Car les bidouilleurs de génie peuvent avoir une multitude de raisons de trafiquer du code et de s'introduire dans un système. Ses intentions peuvent être bonnes ou mauvaises, nobles ou viles, légales ou frauduleuses. Leurs profils ont bien sûr évolué depuis les pirates informatiques des années 70, bien avant l'avènement de l'Internet public. Qui se souvient aujourd'hui de John Draper ? Le gamin s'était alors rendu célèbre aux États-Unis pour ses fraudes téléphoniques. Le concept paraît difficile à comprendre aujourd'hui, mais à cette époque, le smartphone n'existait pas… Le téléphone fixe était roi, mais il ignorait encore le numérique. Avant de joindre son correspondant, il était possible d'entendre les tonalités émises par les différents commutateurs acheminant les appels longue distance. L'imagination des pirates informatiques est sans limites, mais elle est souvent stimulée par le gain. Dans ces années-là, une communication téléphonique, surtout si elle était passée à l'international, pouvait coûter très cher. Des petits malins avaient bricolé des appareils reproduisant ces tonalités pour s'approprier des lignes et téléphoner gratuitement et à volonté aux quatre coins du monde. John Draper faisait encore plus simple. Il s'était donné le sobriquet de Captain Crunch, nom de la marque d'une boîte de céréales offrant, comme cadeau promotionnel, un sifflet en plastique dont il avait découvert que le son correspondait exactement au bruit d'un commutateur longue distance.

Certains de ces adolescents particulièrement doués se sont lancés dans des aventures qui auraient pu avoir des conséquences dramatiques. En 1982, à l'âge de dix-huit ans, Kevin Mitnick avait commis un exploit qui lui a valu d'inspirer le personnage de plusieurs films, dont *War Games*, l'histoire d'un gamin passionné de jeux vidéo qui manque de provoquer un conflit planétaire en piratant les ordinateurs du Pentagone. Mitnick a tout bonnement réussi à s'introduire dans l'ordinateur du commandement de la défense aérienne d'Amérique du Nord avant de prendre le contrôle de plusieurs standards téléphoniques, à New York et en Californie.

Pendant longtemps ces attaques étaient surtout l'œuvre de gamins généralement dotés d'une intelligence supérieure à la moyenne et dont les principales motivations étaient le fun et le prestige. Ces jeunes prodiges du code – sortes de loups solitaires du cybercrime – n'ont évidemment pas disparu des radars des forces de police, mais leurs objectifs ont sensiblement évolué avec le temps. Beaucoup sont des *script kiddies*, terme désignant des adolescents qui passent leur temps a essayé de pénétrer des systèmes en utilisant des outils et des scénarios d'attaque mis au point par d'autres. Ces programmes sont généralement disponibles en libre accès sur Internet. Là encore, les avancées technologiques leur ont grandement facilité le travail. Grâce au Dark Web, les jeunes hackers peuvent facilement revendre les informations qu'ils ont collectées et se faire un peu d'argent.

Cofondateur avec Xavier Niel de 42, l'école parisienne de formation des développeurs informatiques, Nicolas Sadirac, lui-même ex-hacker, a vu évoluer les pratiques des cyberdélinquants au cours de sa carrière d'expert en cybersécurité. En 1996, il faisait ce commentaire prémonitoire au magazine *L'Expansion* : « Pirater un réseau ou un site Web est plutôt facile. Le plus compliqué est d'industrialiser l'intrusion, de mettre en place des méthodes pour réussir à tous les coups. » Deux décennies plus tard l'hypothèse est devenue réalité.

« Depuis quelques années, nous observons une offre tayloriste de ces activités de cybercrimes », explique Loïc Guézo, cybersecurity strategist du groupe Trend Micro. L'arrivée de professionnels du crime a totalement changé la donne. Il existe aujourd'hui une asymétrie totale entre le risque encouru par ces bandits du cyberespace et les gains potentiels qui peuvent être réalisés. Dans les années 90, le hacker américain Kevin Mitnick figurait tout en haut de la liste des personnes les plus recherchées par le FBI. Tous les flics du pays connaissaient son identité et même les shérifs des patelins les plus reculés avaient sa photo qui traînait quelque part sur leur bureau. Pour échapper aux forces de l'ordre, le hacker avait changé sa physionomie, il s'était inscrit à la YMCA et prenait des cours de gym pour perdre du poids. Il mettait des cailloux dans ses chaussures pour changer sa démarche… L'histoire fait évidemment sourire les *script kiddies* d'aujourd'hui...

Le rapport de force est totalement en faveur de l'attaquant qui décide du moment auquel il attaquera, du mode opératoire, et pourra ensuite disparaître dans la nature sans crainte d'être retrouvé. Avec le Dark Web, les criminels de toutes sortes ont trouvé le moyen de mener leurs opérations dans le plus parfait anonymat. Les nouvelles monnaies virtuelles, comme Monero, leur garantissent même la confidentialité de toutes leurs transactions.

Les malwares sur lesquels sont fondées leurs campagnes de piratage sont le plus souvent disponibles sur le réseau mondial. « Les attaques informatiques sont en train de devenir un service », analyse Guillaume Poupard, directeur général de l'Agence nationale de la sécurité des systèmes d'information (ANSSI). N'importe qui peut aujourd'hui fabriquer sa propre attaque contre un concurrent ou un voisin gênant en allant flâner sur Internet ou en s'aventurant dans la jungle du Dark Web. Mais l'une des grandes craintes du patron de l'ANSSI, c'est l'hybridation. Le jour où les États se mettront à recruter des groupes mafieux pour mener leurs actions clandestines, l'insécurité dans le cyberespace prendra une tout autre dimension. « Avec une centaine de personnes compétentes, vous pouvez envisager des actions de très grande envergure », estime-t-il.

Le cauchemar de Guillaume Poupard n'est pas loin de se réaliser, à voir ce qui s'est produit à Beyrouth, ces dernières années. Une forme d'hybridation qu'il n'avait peut-être même pas envisagée.

Tout a commencé par l'affaire de la journaliste russe Irina Petrushova, fondatrice du magazine *Respublika* au Kazakhstan, très critique envers le régime du président Nursultan Nazarbayev. Persécutée et menacée, elle a fui le pays. Et reçu l'aide et le soutien de l'Electronic Frontier Foundation (EFF), une organisation non gouvernementale américaine de défense des libertés civiles dans le monde digital. En 2015, la journaliste a reçu des courriels hautement suspects, visiblement des tentatives de phishing. Les responsables de l'EFF se rendent compte après enquête qu'ils ont affaire, en réalité, à une vaste campagne de piratage et d'espionnage visant des centaines de dissidents kazakhs – journalistes, avocats...

Baptisée Opération Manul par l'organisation américaine, elle emploie des méthodes extrêmement sophistiquées, utilisant de fausses applications de messagerie instantanée comme WhatsApp ou Signal pour implanter un programme malicieux dans les téléphones des victimes. Le malware vise les smartphones équipés du système d'exploitation Android, développé par Google, les plus répandus sur le marché : une fois installé, le malware permet de déclencher à distance l'appareil photo, d'enregistrer silencieusement les communications téléphoniques, d'intercepter les SMS, de géolocaliser le propriétaire du téléphone, de fouiller dans son agenda et son carnet d'adresses, d'exfiltrer les informations contenues dans la mémoire de l'appareil à partir de spots WiFi publics… Un rêve d'agent secret.

Il y a quelques années, des officiers de l'armée israélienne s'étaient fait piéger de la même manière en répondant aux sollicitations de charmantes jeunes femmes les invitant à venir discuter sur de fausses plateformes Internet où leur appareil se faisait infecter par un virus espion. « Dans 60 % des cas, les cibles tombent dans le piège », assure Mike Floosmann, analyste à la société de sécurité Lookout, spécialisée sur les attaques ciblant les téléphones mobiles. En unissant leurs efforts, l'EFF et les experts de Lookout ont révélé une plateforme beaucoup plus vaste encore, ayant permis d'espionner des milliers de personnes dans une vingtaine de pays, dont la Russie, la Chine, l'Allemagne, le Venezuela ou le Pakistan. Nom de code de l'attaque : Dark Caracal.

En remontant les pistes et en plaçant leurs antennes aux bons endroits, les chercheurs ont découvert que ces campagnes de surveillance, qui pour certaines ont permis des enlèvements de personnalités, avaient toutes la même origine : Beyrouth, et plus précisément, un bâtiment dans la capitale libanaise. Au fil de leur enquête ils ont détecté un nombre important de connexions à un réseau WiFi baptisé Bld3F6. Ils ont déduit de ce nom de code bizarroïde que le système en question devait se situer au sixième étage d'un building numéro 3… « Nous avons envoyé quelqu'un à Beyrouth qui a localisé l'endroit : une pièce dans un building de six étages à proximité du Musée national et du campus de l'université France-Liban : le quartier général de la GDGS, la sécurité libanaise », raconte Eva Galperin, qui a suivi toute l'affaire au sein de l'EFF.

Les cyberagents de la police secrète libanaise ont-ils servi de sous-traitant à un ou plusieurs gouvernements étrangers dans leurs opérations de répression contre des opposants ? En voyant sortir les résultats de cette enquête minutieuse, début 2018, le patron de la sûreté libanaise a évidemment nié en bloc et ironisé en disant qu'il serait très heureux que ces services soient dotés des importants moyens qu'on lui prête.

L'affaire Dark Caracal lève en tout cas le voile sur une forme inédite de packing : « C'est une nouvelle façon pour un État de cibler ses ennemis, décrypte la chercheuse américaine. La cyberguerre est devenue simple et bon marché. »

Au cours de la dernière décennie, les grandes puissances mondiales se sont dotées de moyens défensifs et offensifs considérables dans le cyberespace recrutant des dizaines de milliers de hackers pour mener à bien leurs opérations secrètes. Certaines de ces unités spéciales se sont rendues célèbres pour leurs attaques spectaculaires, comme le groupe APT17 *alias* Deputy Dog. Actif depuis une dizaine d'années, ce groupe de cyberespions est notamment responsable de multiples intrusions sur plusieurs systèmes d'information du gouvernement américain, des cabinets d'avocats des entreprises des secteurs de la Défense et des nouvelles technologies.

Très proche des autorités chinoises, et plus particulièrement de leurs services de renseignement militaires, le groupe de hackers s'est spécialisé dans les menaces persistantes avancées ou Advanced Persistant Threat (APT), un style d'attaques très sophistiquées et silencieuses car destinées à se prolonger dans le temps. Elles sont notamment très prisées des services d'espionnage et des officines de renseignement économique. Parmi ses nombreux faits d'armes, l'équipe a mené l'attaque Aurora, en 2009, visant trente-quatre entreprises, essentiellement américaines, dont le portail Yahoo, le numéro un mondial de la cybersécurité Symantec ou encore Google, qui a mis au jour toute l'opération.

Les Américains ne sont pas en reste. Durant toute l'année 2017, une bande de hackers baptisée The Equation Group a défrayé la chronique après s'être fait dérober un stock d'armes digitales. Très proches de la National Security Agency (NSA), ils seraient actifs depuis une vingtaine d'années et auraient mené des opérations dans quarante-deux pays, selon la société de cybersécurité russe Kaspersky Lab : en Chine, en Russie ou en Allemagne, mais aussi en France et en Allemagne. La plus grande campagne de hacking de tous les temps…

Au cœur de ces opérations secrètes, les marchands de cyberarmes ont toujours joué un rôle central : failles de sécurité, virus, spywares, malwares… tout est à vendre, pourvu qu'on y mette le prix. Désormais ces flibustiers du cyberespace développent des outils très sophistiqués sur des plateformes qu'ils gèrent eux-mêmes et mettent en location aux gouvernements pour des campagnes spécifiques. Une plateforme comme celle découverte au quartier général de la sûreté libanaise permet de mutualiser les coûts et offre la possibilité de lancer une attaque de grande ampleur à n'importe quel État qui ne dispose ni des moyens humains et techniques, ni de l'infrastructure de communication pour entreprendre de telles opérations d'envergure en territoires étrangers. Les malwares constituent désormais un service comme les autres, avec sa loi de l'offre et de la demande. Un business qui peut rapporter très gros. À condition de ne pas se faire prendre.

Le 6 mars 2018, une vingtaine de policiers ont fait irruption dans une maison du centre-ville d'Alicante, dans le sud-est de l'Espagne. L'opération a été menée en moins d'une heure. Un homme a été placé sous les verrous. La police espagnole n'a pas immédiatement révélé son identité précise : elle le nomme Denis K. et précise qu'il serait d'origine ukrainienne.

L'homme et l'organisation qu'il représente étaient recherchés par toutes les polices du monde depuis près de cinq ans. Selon le Centre européen de la lutte contre la cybercriminalité – une division d'Europol établie à La Haye –, Denis K. serait le cerveau du groupe Carbanak, l'un des gangs de hackers les plus ingénieux de cette dernière décennie. L'un des plus rentables également. Depuis ses premières actions détectées en 2013, il aurait dérobé pour plus d'un milliard d'euros au cours de ses multiples forfaits. Sa cible : les institutions financières, notamment au Royaume-Uni, en Espagne et en Russie. Au total, ses attaques auraient fait plus d'une centaine de victimes dans une quarantaine de pays.

L'opération de police qui a mené à l'arrestation en Espagne a été conduite avec l'aide de la société russe de sécurité informatique Kaspersky Lab, dont les chercheurs ont été les premiers à révéler les méthodes utilisées par les hackers, en 2015. « Carbanak fonctionne comme un grand conglomérat de criminels sur Internet, explique Sergey Lozhkin, chercheur au Global Research and Analysis Team de Kaspersky Lab. L'équipe est très bien organisée, elle est composée de spécialistes qui savent précisément ce qu'ils doivent faire – des Américains, des Russes, des Chinois… – qui ne se connaissent pas et ne se sont jamais parlé. »

Très sophistiquées dans leur mise en oeuvre, les attaques se construisent sur la bonne vieille méthode du phishing : de faux courriels sont envoyés au personnel des banques, dont l'expéditeur semble connu et authentique. Il leur est demandé de cliquer sur un lien ou d'ouvrir une pièce jointe qui déclenche en fait le téléchargement d'un malware utilisant des vulnérabilités dans les programmes Office et Word de Microsoft. Et le piège se referme : le code malicieux permet aux pirates tout à la fois d'espionner ce qui se passe sur le réseau de la banque, de collecter des données et même de prendre le contrôle à distance de certaines machines infectées. Le tout, de manière totalement silencieuse.

Une fois dans la place, les hackers disposent ainsi de toutes les informations et de tous les outils nécessaires pour pirater des distributeurs de billets, par exemple, et leur donner l'ordre de distribuer de l'argent sans qu'une carte soit insérée. Ou carrément d'effectuer des virements sur des comptes détenus par les hackers.

Ceux-ci ont apparemment développé eux-mêmes les malwares qu'ils utilisent depuis 2013, ce qui démontre un très haut degré de compétence au sein de l'équipe. Denis K., le cerveau de toute l'opération, serait un être particulièrement brillant selon les enquêteurs, puisqu'il aurait lui-même détecté les vulnérabilités dans Word et Office, et qu'il aurait trouvé comment les exploiter, avant de développer les programmes malicieux permettant de pirater les réseaux des banques. Au moment de son arrestation, l'homme vivait paisiblement dans sa villa cossue d'Alicante avec sa femme, leur fils et deux BMW. Les enquêteurs ont également mis la main sur l'équivalent de 100 000 euros en Bitcoins, de 500 000 euros en bijoux… et d'une grande quantité de matériel informatique.

Ces attaques menées par le groupe Carbanak sont toutes du type APT – *advanced persistant threat* ou menace persistante avancée. L'attaque est silencieuse, elle peut se poursuivre durant des semaines ou des mois tant que le programme n'a pas été découvert. C'est un style d'attaques très sophistiquées qui nécessite un investissement humain et financier important. L'arrestation du cerveau présumé de la bande de cybergangsters ne met pas fin pour autant à leur capacité de nuisance. Les chercheurs de Kaspersky Lab ont observé que l'infrastructure mise en place par le groupe Carbanak était toujours active plusieurs semaines après l'opération policière d'Alicante.

Cette multinationale de hackers, très disciplinée, ne constitue pas une rareté, même si la mise en place de telles infrastructures demeure encore aujourd'hui le fait des États, qui les utilisent à des fins d'espionnage ou de cyberguerre, sauf dans le cas du groupe Lazarus. Cette bande de hackers a commencé à se faire connaître en 2009 en menant des attaques assez bas de gamme contre des cibles gouvernementales sud-coréennes, apparemment à des fins d'espionnage. Même si l'attribution des attaques demeure une science très inexacte, plusieurs sociétés de sécurité informatique, comme l'Américain Symantec, affirment avec une quasi-certitude que les militaires nord-coréens sont derrière ces opérations.

Depuis quelques années, le groupe s'est diversifié. Comme une véritable entreprise en quête de nouveaux marchés, il a effectué un spin-off très profitable, spécialisé sur les casses financiers. Ils opèrent exclusivement à travers un sous-groupe baptisé Bluenoroff, une petite organisation très structurée, extrêmement efficace. Ils se sont fait connaître pour une longue série d'attaques visant plusieurs dizaines d'établissements financiers dans une vingtaine de pays. Au départ, les hackers s'en sont pris à l'architecture de Swift, un système de communication financier que des milliers de banques et institutions financières utilisent chaque jour pour transférer des centaines de milliards de dollars. Ils opèrent un peu partout dans le monde mais ciblent en priorité les pays émergents : Inde, Vietnam, Irak, Costa Rica, Éthiopie, Gabon… Dans le petit monde de la cybersécurité, on estime qu'il s'agit du seul cas connu d'attaques criminelles à but financier sponsorisées par un État.

Le régime nord-coréen, sous embargo depuis plusieurs années, aurait ainsi trouvé le moyen de financer ses opérations de cyberguerre. Leur plus joli coup remontrait au mois de février 2016. Utilisant des méthodes très semblables à celles généralement utilisées par Lazarus, un groupe de cybercambrioleurs a tenté de détourner 851 millions de dollars stockés à la Banque centrale du Bengladesh. Les choses n'ont pas tourné exactement comme ils le prévoyaient et la bande de gangsters a dû se contenter de 81 millions de dollars. Ce qui en fait tout de même, selon les experts, l'un des plus gros braquages jamais réalisés dans le cyberespace.

En quelques années, le groupe Lazarus est devenu le point d'attention de toutes les grandes sociétés de cybersécurité et l'objet de beaucoup de spéculations et de rumeurs. Nombre de hackers et de services de renseignement reprennent aujourd'hui les techniques et les codes utilisés pas Lazarus afin de brouiller les pistes pour ne pas être détectés. Et certaines attaques lui sont attribuées un peu rapidement. Comme en novembre 2014, lorsque les serveurs de courriers électroniques de Sony Pictures ont été piratés. Le coupable était tout désigné : le studio de cinéma avait produit, peu de temps auparavant, un film satirique qui tourne en ridicule le régime de Pyongyang et son leader Kim Jong-un. L'opération a été revendiquée par un groupe se faisant appeler les Gardiens de la Paix et assurant qu'ils s'étaient infiltrés dans les réseaux de Sony depuis plus d'un an, accédant à une montagne de données sensibles qu'ils ont ensuite savamment distillées sur Internet, infligeant un maximum de dégâts à la réputation du groupe japonais.

Les autorités américaines ont rapidement attribué l'attaque au groupe nord-coréen Lazarus. Mais plusieurs sociétés de sécurité ont émis de sérieux doutes sur cette hypothèse. Les pirates semblent avoir obtenu de l'aide de l'intérieur de l'entreprise, ce qui expliquerait qu'ils aient pu s'introduire dans le réseau et y rester cachés aussi longtemps sans être détectés. La piste d'une vengeance d'un ancien salarié mécontent a également été mise en avant par les spécialistes tout comme celle d'un groupe d'activistes – ou plutôt de hacktivistes – qui ont régulièrement ciblé Sony pour protester contre les productions cinématographiques de ses studios ou le catalogue de jeux vidéo de sa filiale Playstation. Certains ont suggéré que l'attaque puisse avoir été menée par des contestataires se faisant aider d'un salarié bien placé. L'hypothèse est crédible compte tenu du résultat de l'opération : le vol et la divulgation d'informations très sensibles destinée à nuire à l'image de l'entreprise. L'objectif n'était clairement pas financier.

Cette affaire démontre en tout cas combien les organisations hacktivistes sont prises au sérieux aujourd'hui par les spécialistes en cybersécurité. Ces mouvements sont pléthore dans le cyberspace. Ils englobent une catégorie très disparate de hackers, allant du pur nerd, codeur de génie et loup solitaire, cherchant à défendre sa cause, jusqu'à des organisations très structurées englobant des hacktivistes de tous les continents, et dont la meilleure représentation reste le mouvement Anonymous, qui a connu son année de gloire en 2011.

LulzSec est une émanation de ce collectif, contraction des mots Lulz – le rire, dans le langage des hackers – et sécurité. Le groupe comprenait au moins une demi-douzaine de membres, installés en Grande-Bretagne et aux États-Unis. Ils ne se connaissaient ni de près ni de loin. Ils ne s'étaient jamais rencontrés. En l'espace de quelques mois, ils ont piraté les serveurs de Sony et ceux du National Health Security – le système de santé public au Royaume-Uni. Ils sont aussi rentrés dans les ordinateurs du sénat et de la CIA aux États-Unis. Le mode opératoire était à chaque fois identique : vol de données en masse et publication de celles-ci sur Internet. Ils ont aussi réussi à hacker le site Web du tabloïd *The Sun*, l'un des quotidiens les plus vendus au monde, propriété du milliardaire Ruppert Murdoch, dont ils ont annoncé la mort à la une du site piraté.

L'histoire s'est très mal terminée pour la petite bande. L'un des membres a commis l'erreur fatale de se connecter à un forum des Anonymous sans passer par le système Tor, qui permet d'anonymiser sa navigation dans le cyberespace. Hector Xavier Monsegur, *alias* Sabu, un programmeur de vingt-sept ans d'origine portoricaine, était considéré comme le leader de LulzSec. Le forum sur lequel il avait ses habitudes était évidemment surveillé par des agents du FBI qui n'ont eu aucune difficulté à l'identifier et se sont présentés à son domicile, dans le sud de Manhattan.

Les policiers lui ont laissé le choix : aller directement en prison ou collaborer. Monsegur avait deux petites nièces à charge… et il ne se voyait pas enfermé dans une petite cellule de quelques mètres carrés, coupé du monde, sans ordinateur. Il a opté pour la deuxième option. En quelques heures, toute la bande était sous les verrous.

Phineas Fisher, lui, ne s'est jamais fait prendre. Il s'est même payé le luxe de donner des interviews pour raconter ses meilleurs coups d'hacktiviste, toujours à visage couvert, bien sûr. Sa caractéristique principale : l'humour. Le dimanche 5 juillet 2015, le compte Twitter de la société italienne Hacking Team s'est mis à débloquer sérieusement. Spécialisée dans les solutions d'espionnage et la vente d'outils de piratage à des organisations gouvernementales, elle traite avec tous les États de la terre sans distinction, démocratie ou dictature, et offre ses services aux plus offrants. Un business pour le moins sensible. Alors que s'est-il donc passé pour que les dirigeants de Hacking Team publient ce curieux tweet : « Puisque nous n'avons rien à cacher, nous publions tous nos e-mails, fichiers et codes sources ».

Phineas Fisher avait encore frappé. Il avait non seulement détourné le compte Twitter de la société italienne mais il était surtout parvenu à s'introduire sur ses serveurs et à dérober tout ce qu'il pouvait prendre. Le but de la manœuvre était de punir l'équipe de hackers passée, selon lui, du mauvais côté de la force. Elle était en effet sous le feu des critiques de plusieurs organisations humanitaires comme Reporters sans frontières qui l'a placée sur sa liste des « Sociétés ennemies d'Internet », pour avoir vendu ses solutions au gouvernement marocain et à celui des Émirats arabes unis.

Un an plus tard, au mois de mai 2016, Phineas Fisher fera à nouveau parler de lui en dérobant à une banque l'équivalent de 10 000 euros qu'il a reversés au projet Feed the Revolution, favorable au Kurdistan syrien.

Pour les forces de l'ordre et les sociétés de cybersécurité, la catégorie des hacktivistes a un énorme avantage : leurs motivations sont connues et même, souvent, revendiquées. Mais dans une grande majorité de cas, l'origine des attaques dans le cyberespace demeure mystérieuse. Et les motivations de leurs auteurs restent évidemment très floues.

L'histoire du groupe Wild Neutron est exemplaire à cet égard. Connue également sous les pseudos de Morpho, Pumpkin ou Jripbo, la bande est active depuis 2011. Ses cibles sont extrêmement variées : grandes entreprises de technologie, cabinets d'avocats, fonds d'investissement, sociétés immobilières, entreprises et organisations liées au secteur de la santé, et même des forums djihadistes notamment celui d'Ansar Al-Mujahideen.

En 2013, ce groupe a lancé plusieurs attaques contre Facebook, Twitter, Apple ou encore Microsoft. La campagne avait eu un grand retentissement médiatique à l'époque. Par contre, il ne s'en prend jamais à des gouvernements. Plusieurs responsables en cybersécurité ont observé de près la tactique des hackers de Wild Neutron et en ont déduit, d'après le profil de ses proies, qu'il ne pouvait en aucun cas s'agir d'attaques sponsorisées par un État. Mais compte tenu des moyens mis en œuvre par les hackers, ceux-ci appartiennent forcément à une vaste organisation d'espionnage dont la motivation apparaît essentiellement économique. Ses membres sont également des experts en camouflage et savent comment brouiller efficacement les pistes. Toutes les recherches pour tenter de les identifier, ces dernières années, ont jusqu'à présent échoué. Les Wild Neutron constituent l'une des plus grandes énigmes du cyberespace.

CHAPITRE 4

VIRUS, VERS, RANSOMWARES LES NOUVELLES MENACES

« Rien ne s'est passé comme prévu. »

Neville – *Je suis une légende*

Robert Tappan Morris avait son destin tout tracé. Né en 1965, pratiquement en même temps que le projet Internet, il a suivi les traces de son père, scientifique de renom, nommé à la tête du centre national de la sécurité informatique de la NSA, l'agence de renseignement électronique américaine. À vingt-trois ans, le jeune homme a pourtant échappé de peu à quatre ans de prison ferme. En 1988, alors étudiant à la prestigieuse université de Cornell, Robert Morris s'est servi d'Internet pour envoyer un petit programme vers une autre machine située au Massachusetts Institute of Technology, le non moins célèbre MIT. Une fois installé sur l'ordinateur du MIT, le programme s'est propagé à grande vitesse sur d'autres machines connectées à Internet, qui contaminaient à leur tour d'autres terminaux. Et le processus se renouvelait ainsi indéfiniment. Le premier ver informatique venait de naître. À la différence des premiers virus informatiques, apparus quelques années plus tôt sur les PC, ce code avait la capacité de se répliquer sans intervention humaine et de se propager à d'autres machines *via* le réseau.

Le jeune prodige avait conçu un code très astucieux qui devinait les mots de passe à partir d'un petit dictionnaire qui comprenait plus de 430 codes secrets parmi les plus utilisés. À l'époque, les gens ne s'embarrassaient pas de complexité pour ce genre de choses : leur mot de passe était souvent le même que leur identifiant – les choses n'ont malheureusement pas beaucoup changé au XXIe siècle. Le ver de Robert Morris s'est naturellement propagé à très grande vitesse.

Internet était alors un réseau de 60 000 ordinateurs, essentiellement localisés sur le territoire américain. Près de 6 000 machines ont été contaminées en quelques heures. Car le programme comportait un petit défaut : il ne reconnaissait pas les machines qui avaient déjà été infectées. Résultat, beaucoup d'entre elles se réinfectaient en boucle, et finissaient par tourner au ralenti, au grand désespoir de leurs utilisateurs : il y a trente ans, seuls des chercheurs travaillaient sur des ordinateurs connectés à Internet. Et tous ont compris ce qui se passait. Robert Morris avait un gros problème.

Pour sa défense, il a expliqué qu'il menait en fait une expérience et qu'il cherchait, en diffusant ce bout de code – qui, depuis, porte son nom, le ver Morris –, à mesurer la taille de l'Internet. Pour preuve de sa bonne foi, il a réagi rapidement en comprenant que le programme devenait hors de contrôle et contacté des administrateurs de système pour les prévenir de la menace. Deux ans plus tôt, le Parlement américain avait voté une loi réglant leur sort aux auteurs de fraudes et abus informatiques : quatre années de prison.

Robert Morris serait le premier à être jugé suivant ce nouveau texte, très sévère. Mais n'ira pas derrière les barreaux. Il s'en sortira avec une amende de 10 000 dollars, trois années de mise à l'épreuve et quatre cents heures de travaux d'intérêt général. Il a été contraint de quitter Cornell et il est parti terminer son cursus à Harvard. Robert Morris s'est bien rattrapé par la suite : il a participé à la création de plusieurs start-up et fait fortune en revendant l'une d'entre elles à Yahoo, l'un des pionniers du Web. L'inventeur du premier ver informatique est aujourd'hui professeur au MIT.

Robert Tappan Morris n'est pas allé en prison. Son expérience sur l'exploration des dimensions du cyberespace lui a tout de même valu d'être sévèrement puni durant plusieurs années dans sa jeunesse. Il aurait pourtant mérité d'être élevé au rang de héros national pour avoir anticipé les proportions prises par ce fléau en une trentaine d'années. Ses travaux ont tout de même servi de leçon. Après l'attaque du ver Morris, les chercheurs et administrateurs de réseaux concernés par ces sujets ont fondé le premier

Computer Emergency Response Team (CERT). Il existe aujourd'hui des dizaines de ces organismes certifiés et indépendants, dans le monde, assurant des services d'alerte, de prévention des risques et d'assistance en cas d'incidents suite à des attaques informatiques.

En 1988, le réseau planétaire a vacillé à cause d'un seul ver présent sur moins de 10 % des machines connectées. Aujourd'hui, plus de 300 000 nouveaux programmes malicieux font leur apparition chaque jour. Leur capacité de nuisance et de destruction est variable mais la menace va grandissante dans un cyberespace en extension constante. En 2018, 4 milliards de personnes étaient reliées à Internet et se connectaient en utilisant divers appareils : plus seulement avec l'ordinateur, comme à l'époque du jeune Morris, mais aussi avec leur smartphone, leur tablette, leur montre, leur webcam… Environ 23 milliards d'objets de toutes sortes et de toutes tailles dialoguaient ainsi sur le réseau. Et ce chiffre ne cesse de croître de façon exponentielle. Combien de ces machines ont été contaminées par un malware ? Impossible de le savoir avec certitude.

Les alertes virales ont commencé à s'enchaîner à la fin des années 80 avec les célèbres attaques des programmes Vienna et Cascade. Elles se sont multipliées à partir du milieu des années 90, alors que l'Internet devenait public et que les populations, dans les entreprises ou depuis leur domicile, se lançaient dans le grand bain cyber sans prendre de précautions particulières. Virus, chevaux de Troie, vers informatiques... les plus anciens des internautes se souviennent avec émotion des pandémies digitales qui ont ravagé le réseau planétaire ces dernières décennies. Le 26 mars 1999, Melissa commençait à attaquer les boîtes de courrier électronique des entreprises ou des particuliers et réexpédiait les courriels en boucle, saturant les réseaux. Plus de 100 000 machines ont été infectées. Jamais un ver informatique ne s'était propagé à une telle vitesse.

Un peu plus tard, en août 2003, Blaster s'en est pris aux ordinateurs fonctionnant sous des versions de Windows n'ayant pas été mises à jour. Le programme s'installait sur la machine et la faisait redémarrer avant que l'utilisateur n'ait eu le temps d'effectuer la manipulation permettant de protéger sa machine. En outre, il inspectait en permanence le réseau pour tenter de se propager sur d'autres ordinateurs vulnérables. Cerise sur le gâteau, il portait aussi en lui la programmation d'une attaque de toutes les machines contaminées contre le site Windows Update de Microsoft pour empêcher les victimes de faire l'indispensable mise à jour.

Et bien sûr, comment ne pas citer le sulfureux ILoveYou, probablement le plus médiatisé de tous les vers informatiques ? Ses concepteurs se sont montrés très innovants à l'époque. Venu des Philippines, durant l'année 2000, le programme était dissimulé dans une lettre d'amour attachée en pièce jointe au message intitulée love-letter-for-you. Et comment résister à une déclaration d'un admirateur ou d'une admiratrice inconnus ?

En l'espace de quatre jours, plus de 3 millions d'ordinateurs auraient été infectés. Finalement, ce seraient plusieurs dizaines de millions de machines qui auraient été contaminées dans la durée selon les sociétés spécialisées en sécurité informatique. L'impact économique de cette attaque dévastatrice se chiffrerait à 10 milliards de dollars environ. Le ver informatique utilisait des failles dans le navigateur Explorer et la messagerie Outlook de Microsoft pour se propager à travers le carnet d'adresses des internautes. Une fois installé, il détruisait tous les fichiers son et image qu'il pouvait trouver, visant beaucoup de particuliers, mais aussi des entreprises et des administrations… Le Pentagone, la CIA ou le Parlement britannique figurent parmi les victimes.

Le ver ILoveYou représente un tournant dans l'histoire de la sécurité informatique car il constitue probablement la première opération réussie d'amorçage – ou de phishing – à très grande échelle. Pour inoculer son programme malveillant dans un appareil, le plus simple est de demander à son utilisateur de l'introduire lui-même… à l'insu de son plein gré. La méthode consistant à faire déclencher l'action du malware par le destinataire d'un courrier électronique est toujours considérée comme la plus efficace par les hackers pour accomplir leur méfait.

Environ la moitié du volume mondial de courrier électronique serait composée de ces messages corrompus. Le code malveillant peut être dissimulé dans n'importe quelle pièce jointe, mais de l'avis de Pierre Racz, fondateur de la société de cybersécurité Genetech, le fameux PDF reste le meilleur outil pour attaquer un système, grâce à son langage de programmation Actionscript, qui permet l'interactivité et donc la communication avec l'extérieur. N'importe qui peut se faire leurrer par un tel fichier vérolé. Le chercheur canadien, qui cite l'exemple récent d'un responsable de la sécurité de Lockheed Martin, le géant américain de l'industrie militaire, qui a semé la pagaille dans le réseau du groupe en ouvrant un PDF malveillant.

La menace est généralisée. L'extension permanente des frontières du cyberespace, la puissance décuplée des machines qui y sont connectées et les faiblesses humaines offrent un terrain de jeu sans limites aux pirates informatiques.

Près de 100 000 vulnérabilités ont été découvertes à ce jour dans les logiciels et 5 000 à 6 000 nouvelles failles de sécurité sont mises au jour chaque année. Une grande majorité a pu être corrigée, mais beaucoup sont toujours utilisées par les hackers pour y glisser leurs malwares et commettre leurs forfaits. Les gouvernements se servent de ces mêmes failles pour installer leurs outils d'espionnage et de cyberguerre. Le malware est devenu une commodité, disponible sur le darknet. N'importe qui peut acheter ou louer ces programmes pour faire chanter un État, nuire à un concurrent ou se venger d'un voisin.

Depuis plusieurs années, un bout de code très pratique est disponible sur la face cachée du Web, qui permet de transformer un petit appareil vendu dans le commerce – une clé USB utilisée pour capter la TNT sur son ordinateur et qui coûte quelques dizaines d'euros –, en récepteur à très large bande. La clé associée au logiciel pirate devient une radio logicielle, un engin fureteur extrêmement puissant, capable d'écouter et de décoder des signaux hertziens provenant des origines les plus variées : chauffeurs de taxi, pompiers, militaires, police… Ce petit matériel peut aussi renifler le trafic des avions au-dessus de lui, en temps réel, et collecter les informations les plus diverses : numéro de vol, destination, liste des pannes et incidents enregistrés sur l'appareil… Toutes ces données sont curieusement transmises en clair vers le sol.

Dans une attaque correctement exécutée, notamment pour les opérations d'espionnage, les hackers ont également recours à une panoplie d'outils indispensables, des petits matériels comme les microcontrôleurs, un circuit intégré renfermant tous les composants essentiels pour faire tourner un ordinateur. Très pratique, ce petit objet qui tient dans la main peut être programmé pour accomplir toutes sortes de tâches. Branché sur une prise réseau dans une entreprise, il peut discrètement prendre le contrôle d'un standard téléphonique ou faire la collecte de tous les documents passés par un photocopieur. À partir de ce photocopieur connecté, il est possible de diffuser un programme qui va se cacher sur le réseau de l'entreprise pour espionner et collecter de l'information. Ces petits instruments sont commercialisés sous les marques Arduino, Rasberry Pi ou Teensy au prix de quelques dizaines d'euros seulement.

Et bien sûr les codes des malwares les plus dangereux sont également publiés sur Internet, comme celui du célèbre ver informatique Stuxnet, conçu en 2010 par les services de renseignement américains et israéliens pour détruire les capacités iraniennes d'enrichissement d'uranium. Une version « améliorée » de ce code, ciblant prioritairement des installations industrielles, a été utilisée quelques années plus tard pour semer la pagaille dans plusieurs usines sidérurgiques en Allemagne, obligeant certaines d'entre elles à cesser leur production, causant des dégâts irrémédiables. Les ransomwares Wannacry et NotPetya, qui ont fait des ravages planétaires durant toute l'année 2017, seraient des dérivés de cyberarmes mises au point par la NSA, subtilisées par un groupe de hackers qui les auraient ensuite vendues au plus offrant.

Que peuvent de simples individus face à de tels déploiements de force ? Les experts en cybersécurité appellent aujourd'hui à la mise en place de vraies politiques d'éducation du public. Tout comme il existe aujourd'hui une obligation de se former pour conduire une voiture sur les routes, il devrait être obligatoire d'apprendre les rudiments de la navigation sur Internet et dans les réseaux sociaux, savoir comment protéger ses appareils, ses données personnelles, sa vie privée. En achetant un frigo connecté, le consommateur s'intéresse à de multiples paramètres : ses dimensions, sa capacité, sa consommation électrique… Mais qui se pose la question de savoir si l'engin est susceptible de participer à une attaque informatique massive contre un site gouvernemental ? À l'évidence, très peu d'acheteurs connaissent même cette éventualité.

Un immense travail de sensibilisation reste à faire. Dans le monde réel, jusqu'au début du XXe siècle, les pires épidémies ont provoqué des dizaines de millions de morts par ignorance : conditions de vie insalubres, manque de moyens de protection, absence de vaccins… Dans le cyberespace, l'homme en est à peu près au même point et ignore les rudiments d'une vie digitale saine, dans un environnement totalement vicié. À l'air quasi irrespirable.

C'est ce paysage presque apocalyptique que nous décrivent, depuis plusieurs années, les rapports de la société Akamai Technologies, trimestre après trimestre. Installée tout près du MIT, à Cambridge, l'entreprise américaine est un peu le miroir du cyberespace. Ses quelque 250 000 serveurs installés dans 120 pays stockent la réplique exacte des sites Web pour raccourcir la distance avec l'internaute. Un

Français ou un Allemand voulant consulter la une du site du *New York Times* n'accèdent pas aux ordinateurs du quotidien de l'autre côté de l'Atlantique mais à une copie exacte, mise à jour quasiment en temps réel sur un serveur, quelque part en Europe. Sans elle, Internet tournerait moins vite.

Akamai est une incomparable vigie de la santé du réseau mondial. Selon ses statistiques, en 2018, plus de 20 millions d'attaques visaient chaque jour des applications Web, ces services que nous utilisons quotidiennement, insouciants, à partir de notre navigateur Chrome ou Explorer : messagerie, moteur de recherche, jeu vidéo… Et toujours selon ces chercheurs américains, plus de 40 % des connexions à des sites Web dans le monde seraient d'origine frauduleuse, réalisées par des Botnet, des réseaux d'ordinateurs ou d'objets connectés infectés par un malware permettant aux pirates d'en prendre le contrôle à distance à l'insu de leur utilisateur pour lancer des attaques ciblées.

Des applications qui tournent au ralenti, un navigateur Web qui plante et des fenêtres pop-up qui se mettent à clignoter dans tous les sens… Qui n'a jamais été infecté par un malware ? Rien de vraiment bien grave, juste un petit virus qui vous envoie de la publicité à tout bout de champ ou vous donne l'impression que votre ordinateur a brûlé toute sa mémoire vive. En général, tout s'arrange en mettant à jour son antivirus ou en passant un rapide coup d'antimalware.

Mais parfois, le remède est pire que le mal, notamment quand l'internaute a recours à des logiciels gratuits pour faire le ménage sur sa machine. Le programme CCleaner a ainsi récemment montré d'inquiétants signes de compromission. Développé par la société britannique Piriform, rachetée en juillet 2017 par le Tchèque Avast Software, ce programme permet aux utilisateurs de PC équipés de Windows de faire le tri dans leurs fichiers, de libérer de la place sur les disques durs et, finalement, de rendre l'ordinateur plus performant. Le tout, gratuitement.

Mais en septembre 2017, plusieurs groupes de chercheurs en cybersécurité, notamment ceux travaillant pour le groupe californien Cisco, ont découvert une *back-door*, une « porte dérobée », sur certaines versions du logiciel téléchargeable. Cette faille permettait apparemment au programme de communiquer illégalement avec un serveur installé quelque part aux États-Unis. Près de trois millions de personnes auraient été infectées par ce malware dont une deuxième version, plus sournoise, a rapidement été révélée.

Installée plus profondément au sein des infrastructures, celle-ci déclenchait une opération d'espionnage à très grande échelle en collectant des informations sensibles sur l'activité de plusieurs dizaines d'entreprises. Le Sud-Coréen Samsung, le Japonais Sony, le Chinois HTC et l'Américain Microsoft feraient partie des victimes de cette gigantesque vulnérabilité, qui a pu finalement être corrigée.

Le problème des menaces informatiques de nouvelle génération, c'est leur totale résilience. Les solutions antivirus proposées par les éditeurs spécialisés, payantes ou gratuites, permettent de faire disparaître les symptômes et de retrouver un semblant de tranquillité. Mais elles ne font pas toujours disparaître le code lui-même. Les malwares sont de plus en plus intelligents et profitent de la puissance de calcul des ordinateurs pour s'adapter, muter, s'exécuter et se transformer encore pour se rendre intraçables.

Tous les systèmes défensifs peuvent aujourd'hui être contournés. Thierry Auger, patron de la sécurité des systèmes d'information pour tout le groupe Lagardère, a commencé dans cette industrie il y a une quinzaine d'années. « À l'époque, nous devions faire face à des risques simples à propagation très limitée, raconte-t-il. Aujourd'hui, les hackers apprennent très vite sur nos capacités à nous défendre et à réagir et ils s'adaptent en conséquence. » Les malwares sont dorénavant conçus pour prolonger leur cycle de vie le plus longtemps possible. Leurs créateurs les ont imaginés pour qu'ils puissent évoluer en fonction de leur environnement, muter pour rester indécelables et continuer à accomplir leur mission.

« La plus grosse menace aujourd'hui n'est plus le programme malicieux lui-même, mais le fait que des individus puissent s'infiltrer dans une machine ou dans une organisation pour espionner ou causer des dommages irréversibles », explique Hitesh Sheth, patron et fondateur de la société californienne

Vectra, spécialisée dans la détection automatisée de cyberattaques. Les antivirus classiques et les systèmes pare-feu qui protègent nos machines et nos systèmes d'information restent évidemment la base de toute sécurité. Mais ils ne suffisent plus, depuis longtemps, à nous protéger contre les menaces extérieures.

Marc Blanchard travaille dans le malware depuis plus de trente ans. Électronicien de formation, il a œuvré au sein des plus grandes sociétés mondiales de cybersécurité, le Japonais Trendmicro, le Russe Kaspersky, le Roumain Bitdefender… Chercheur en cyberstratégie et signal intelligence (le renseignement d'origine électromagnetique), il est l'un des spécialistes reconnus en France sur les questions de cyberguerre, d'espionnage et de renseignement économique. Lui préfère se désigner comme épidémiologiste, tout simplement. Depuis plusieurs années, au sein de la société Atheos – aujoud'hui propriété du groupe Orange –, il mène une véritable existence de scientifique, expert de la santé digitale des populations connectées au cyberespace. Il a créé un laboratoire spécifique à Rennes, où son équipe planche sur l'évolution des menaces, suit et tente de comprendre la stratégie des délinquants.

La chose n'est pas simple dans un univers où des centaines de milliers de malwares font leur apparition chaque jour sur les réseaux. Dans les bons jours, ce sont près de 380 000 anomalies d'un nouveau genre qui sont découvertes. Ces dysfonctionnements repérables par tous, les ingénieurs d'Orange Cyberdéfense ne s'en occupent guère. Ils se focalisent sur quelque 25 000 autres menaces qui n'ont pas été détectées par d'autres et procèdent à leur incubation. Le processus varie, de 24 à 96 heures, selon que le malware est communicant ou pas. S'il communique, sa capacité de nuisance est généralement plus grande.

Les experts du professeur Blanchard captent ces échantillons et les enregistrent dans une énorme base de données, où ils sont analysés, décortiqués, recoupés avec d'autres morceaux de code suspects. Des dizaines de sociétés spécialisées et de services gouvernementaux accomplissent cette lourde besogne au quotidien.

Un travail de titan… « Jusqu'au début des années 2000, le hacker était en lien direct avec les machines qu'il avait visées dans une entreprise ou une administration, explique Marc Blanchard. Aujourd'hui, il est presque impossible de remonter la trace de l'attaquant car il peut prendre une multitude d'identités. » Celui-ci peut faire muter son code à travers le réseau en fonction des obstacles rencontrés. Les plus habiles parviennent même à jouer avec les horloges des systèmes qu'ils attaquent pour brouiller les pistes, effacer les indices.

Pour autant, les chercheurs en cybersécurité ne sont pas totalement démunis face aux attaques de plus en plus sophistiquées de ces adversaires de l'ombre. La technique du pot de miel est une composante importante de leur panoplie. Elle consiste à construire un environnement dans lequel sera attiré un hacker. Celui-ci se croira, par exemple, sur le système d'information d'une grande entreprise dont il cherche à dérober des données sensibles ou qu'il a décidé d'espionner. En réalité, sans le savoir, il a installé son code malveillant sur des serveurs qui simulent parfaitement le réseau informatique de la société. L'objectif de cette stratégie est double. Il s'agit d'abord d'observer le mode opératoire du codeur, de décrypter sa technique, de repérer ses traces de manière à pouvoir éventuellement remonter la piste.

Mais cette tactique du pot de miel permet aussi de compliquer la tâche du hacker, comme l'explique Olivier Ligneul, le patron de la cybersécurité d'EDF : « Nous tuons son modèle économique en lui faisant perdre du temps et donc de l'argent. » Pour une fois, ce sont les gendarmes qui jouent avec le voleur. Marc Blanchard résume en quelques phrases la méthode qui se rapproche furieusement de la technique de pêche au gros de ce bon vieux capitaine Achab : « On fatigue le code, on ne coupe jamais complètement la communication avec son centre de commandement, mais on le bloque régulièrement pour voir comment il réagit. »

L'exercice est laborieux. Les efforts déployés par ces cohortes de spécialistes permettent, certes, de mieux comprendre le mode opératoire des hackers, le fonctionnement de leur code et leurs implications. Mais ils n'entraînent que très rarement l'arrestation des auteurs des délits. Les hackers sont beaucoup moins patients et persévérants que leurs poursuivants. Dans le monde réel, quand un cambrioleur déclenche l'alarme en essayant de s'introduire dans un appartement, il prend la fuite et court le plus loin possible en essayant de ne pas se faire attraper. Dans le cyberespace, si un hacker trouve porte fermée et déclenche l'alarme, il se contente de passer à l'appartement d'à côté.

En revanche, la technique d'approche du pirate n'est pas si éloignée de celle du maraudeur dans la vraie vie. Dans les deux cas, l'opération a beaucoup plus de chances de réussir si elle est précédée d'une phase préparatoire. Observer sa victime, connaître ses habitudes, comprendre ses comportements, détecter ses failles… Les attaquants commencent leurs opérations par une phase d'ingénierie sociale. Une fois que le hacker a ciblé l'organisation qu'il veut infiltrer, il lui faudra encore choisir la personne – le maillon faible – qui lui servira de point d'entrée dans le système d'information. C'est elle qui véhiculera le virus, sans le savoir, à l'intérieur de l'organisation.

Pour comprendre le fonctionnement réel d'une entreprise, il ne suffit pas de lire son organigramme, accessible facilement dans un rapport annuel ou sur un site Internet. Ses rouages et ses interactions sont beaucoup plus fins et complexes qu'il n'y paraît. Toutes les méthodes sont bonnes pour collecter de l'information sur ses victimes. Les hackers peuvent être des gros consommateurs de presse économique et financière : ils y détectent une foule d'informations précises sur la santé des entreprises, leur stratégie d'expansion internationale, leurs projets de fusion-acquisition… autant d'épisodes qui peuvent révéler une fragilité dans ses systèmes de défense et donner le signal de l'attaque.

Dans une société, l'hôtesse d'accueil est une cible de choix, pour peu qu'elle possède une page Facebook où elle raconte dans le détail tous les moments forts de son existence, sa vie personnelle, ses relations au bureau. Elle est centrale dans une organisation : elle connaît tout le personnel, aiguille les visiteurs et transmet les appels téléphoniques ou les messages. Elle connaît presque par cœur tout l'annuaire de la maison.

Mais là encore, une analyse plus subtile s'avère nécessaire pour maximiser ses chances de réussite. Le hacker est obligé de passer, à un moment ou un autre, à une phase de terrain. Le plus souvent, l'attaque vient de l'intérieur. À la façon d'un agent secret, il doit se mettre en planque, surveiller les allées et venues, fouiller les poubelles… S'installer durant quelques jours dans une chambre d'hôtel donnant sur le siège de l'entreprise peut s'avérer extrêmement fructueux. En notant les noms de ceux qui arrivent tôt, qui partent tard, il est possible de se faire une idée de la vraie chaîne de pouvoir dans l'entreprise.

Les transports publics constituent une formidable aubaine pour les cyberdélinquants. Jean-Philippe

Gaulier a étudié le sujet en profondeur. Aujourd'hui patron de l'innovation pour le groupe Digital Security, filiale d'Econocom, il était auparavant responsable de la sécurité des réseaux et des personnes pour toute la division marketing et innovation de l'opérateur Orange, une entité comprenant plus de 8 000 salariés. Il cite l'exemple du TGV Paris-Lille. En première ou en seconde classe, aux heures de pointe, une grande majorité des voyageurs sont des cadres et beaucoup d'entre eux travaillent sur leur ordinateur. Ils se connectent éventuellement au système WiFi public du train, dépourvu de sécurité et très peu d'entre eux appliquent un filtre sur leur écran qui permettrait pourtant d'empêcher leurs voisins de lire par-dessus leur épaule. Ils vont chercher un café au wagon-restaurant en laissant leur ordinateur sans surveillance, parlent fort au téléphone et communiquent des informations sensibles, parfois un numéro de carte bancaire… Toutes ces situations, Jean-Philippe Gaulier les a lui-même observées en tant que témoin, avec un certain effarement. « Les dirigeants des grands groupes travaillent absolument sans précautions dans les avions, les aéroports ou les trains », déplore-t-il. Lorsqu'il travaillait à Orange, il avait fini par donner cette consigne simple et radicale aux cadres du groupe : ne travaillez pas dans les transports.

Les services de renseignement français ont récemment eu à traiter une affaire impliquant un chef d'entreprise trop crédule. Dans la salle d'attente d'un aéroport, celui-ci a aimablement laissé un passager recharger son smartphone sur son ordinateur portable. Juste quelques minutes, mais suffisamment longtemps pour qu'un malware soit transféré sur la machine, infectant celle-ci avec du matériel pornographique, juste avant que l'homme d'affaires ne s'envole pour le Golfe persique où il devait conclure d'importants contrats… qu'il n'a finalement jamais signés.

Les salons professionnels sont évidemment un must pour les hackers, qui profitent à plein de cette curieuse tradition des petits cadeaux, les fameux « goodies » distribués sur les stands aux visiteurs : une clé USB promotionnelle avec une forme rigolote, des morceaux de musique à télécharger gratuitement… Les supports ne manquent pas pour transférer le malware. L'autre activité du hacker sur ce genre de manifestation consiste à récupérer des cartes de visite. À partir de ce petit bout de carton, le pirate peut commencer à dessiner l'environnement de sa future victime. Où habite-t-il ? Comment se compose sa famille ? Où ses enfants sont-ils scolarisés ? Après ce long et patient travail de préparation, le pirate peut enfin lancer son attaque.

Tout l'art d'une opération de hacking réussie consiste à délivrer le code malfaisant et à le faire fonctionner sans qu'il soit détecté par les systèmes de protection de l'organisation. Au cours de l'année 2016, les responsables d'Orange Cybersécurité ont été contactés pour résoudre un cas pour le moins mystérieux. Les projets de brevets d'une entreprise étaient publiés à la vue de tous sur Internet, ou plus précisément sur le 4chan.org, un forum anonyme en langue anglaise à la réputation sulfureuse. Dépourvu de toute modération, le site a vu naître une foultitude de mouvements underground et de polémiques, depuis le lancement des Anonymous jusqu'à la publication de photos de stars américaines dénudées. « Toutes les mafias du monde s'y retrouvent », estime un chercheur en cybersécurité. Pas vraiment le genre d'endroit où une société veut voir exposer ses précieux secrets de fabrication.

Les experts ont alors dressé le profil complet de la personne en charge de la gestion des brevets dans la société, ainsi que de son entourage. De vrais faux documents ont été créés et stockés sur le réseau, comme s'il s'agissait de vrais brevets. Au bout d'un mois, les enquêteurs ont compris que la vulnérabilité ne se situait pas sur le réseau de la société, ni même sur le poste de travail du salarié, mais au domicile de ce dernier. Le code malveillant communiquait avec l'extérieur à chaque fois qu'il se reliait à sa box familiale. Son ordinateur portable se connectait alors automatiquement au PC de son fiston qui avait été infecté *via* une clé USB.

Comme en médecine, la mission première de l'épidémiologiste du cyberespace consiste à retrouver le patient zéro, celui qui a contracté le virus au commencement. Cette recherche est indispensable pour comprendre la stratégie de l'attaquant et permettre d'étudier l'évolution du malware sur le réseau de l'entreprise dans la durée. En faisant cette ingénierie inversée, les enquêteurs parviennent à établir le mode opératoire du pirate, sa manière de penser et de contourner les obstacles. Et souvent, les résultats de l'investigation montrent une réalité déconcertante : les délinquants n'ont pas forcément besoin de programmes informatiques très sophistiqués pour parvenir à leurs fins. La crédulité de l'être humain et leur pouvoir de persuasion constituent leurs armes les plus puissantes.

Et depuis quelques années, un phénomène planétaire a grandement facilité leur travail : l'émergence des réseaux sociaux. Les informations qui s'y échangent constituent une véritable mine d'or pour les pirates. Les souvenirs ou les projets de vacances exposés sur Facebook, les orientations professionnelles détaillées sur Linkedin ou les coups de gueule lancés sur Twitter renferment une foule de détails qui permettent au hacker de faire mouche au moment de porter l'attaque. Plutôt que des talents de programmeur, celui-ci va devoir montrer un certain savoir-faire d'acteur. La technologie va lui permettre de dissimuler son identité ou, plutôt, de se faire passer pour un autre au téléphone. L'art de la dissimulation fait partie de la panoplie du pirate informatique. Et pour se travestir sur le réseau, il dispose d'une technique éprouvée, très simple à l'usage : le *Caller ID spoofing* – littéralement, « l'usurpation de l'identité de l'appelant». Quand elle reçoit un appel, la victime voit un faux numéro s'afficher, celui du commissariat de police, du centre des impôts, où même de son patron. Cet outil n'est pas seulement pratique, il est aussi facilement accessible. Des dizaines de sites et de vidéos sur YouTube expliquent de manière très pédagogique son fonctionnement.

Avec ce qu'il faut d'assurance et d'éloquence, en appelant plusieurs fois dans la semaine pour créer un effet de stress et amener son correspondant à commettre une faute, le délinquant peut alors accomplir des prouesses. Jérôme Saiz, expert indépendant en cybersécurité, cite l'exemple d'une société de 150 personnes, installée dans le sud de la France et spécialisée dans la communication. L'une des personnes du service comptabilité a été approchée sur Facebook par un inconnu. Ils sont devenus amis, à distance. Ça parlait de ski, de vacances et de musique… Jusqu'à ce vendredi soir, vers 18 heures, où la personne de la compta a reçu un appel bizarre. Juste avant qu'elle ne quitte le bureau. La personne, qui se faisait passer pour un cadre de l'entreprise, lui a réclamé les informations de connexion de certains consultants de la société à leur messagerie. Celle-ci était utilisée par les salariés pour échanger entre eux mais aussi avec leurs clients : des entreprises, grandes et petites, des personnalités politiques…

Les répercussions précises de l'attaque ne sont pas connues. Plus précisément, elles n'ont jamais été rendues publiques. Et pour cause. Cette technique fait des ravages depuis plusieurs années dans les entreprises. Les experts en cybersécurité et les services de police lui ont même donné un nom : l'arnaque au président. Elle suit presque toujours le même scénario et vise les entreprises de toutes tailles, de préférence les PME. Un appel, le vendredi soir, au service comptabilité. C'est le président de la boîte au bout du fil. Il est à l'étranger. Une urgence. Un contrat est sur le point d'être conclu. Une somme de plusieurs millions d'euros doit être virée avant le week-end pour éviter que l'affaire ne tombe à l'eau… « Je compte sur vous mademoiselle. » En France, des dizaines d'entreprises sont tombées dans le panneau. Des centaines de millions d'euros ont été détournés. Le coup est quasi imparable, sauf à disposer à l'intérieur de l'entreprise de règles et procédures très strictes.

Nombreux sont les escrocs à s'être lancés dans ce style de manipulation, mais le plus habile du genre est un Franco-Israélien, Gilbert Chikli, né en 1965 à Paris. Il a trompé des dizaines d'entreprises et d'organisations avant d'être interpellé en Ukraine, durant l'été 2017, puis extradé vers la France.

Ces affaires d'arnaque au président sont souvent citées par les experts en cybersécurité pour montrer l'importance de l'ingénierie sociale et de la composante humaine dans toute attaque informatique ou électronique. L'autre dimension clé dans l'attaque est purement matérielle. De la même manière qu'ils évaluent les réactions des personnes derrière les machines, les hackers testent aussi les limites des systèmes de défense mis en place pour protéger les organisations dans le cyberespace.

Depuis quelque temps, les experts observent ainsi des phénomènes étranges sur les réseaux des opérateurs d'importance vitale (OIV). Ces services, comme l'électricité, les transports ou la distribution d'eau potable, sans lesquels le pays ne pourrait plus fonctionner normalement. Des pirates provoquent des incidents temporaires, des tests de charge très soudains : durant deux à trois minutes le trafic s'intensifie de manière inexpliquée sur le système d'information de l'opérateur, puis il s'arrête brutalement. Comment interpréter ces épisodes inquiétants ? Pour certains experts, ils sont l'œuvre de pirates informatiques qui cherchent à tester le réseau et ses capacités de résistance. Une forme de répétition avant le lancement d'une attaque destructrice. Mais il faut apprendre à se méfier des apparences dans le cyberespace.

Ces opérations à très grande échelle inquiètent beaucoup les spécialistes. Un groupe d'une dizaine de hackers, bien structuré, suffit à engager une attaque d'ampleur comme celle de Wannacry, estime le vice-amiral Arnaud Coustière, directeur des systèmes d'information du ministère des Armées. À l'époque des Printemps arabes, notamment en 2011, il y avait beaucoup de « bruit », sur les réseaux, des actions menées en rafale par divers groupes d'hacktivistes, comme le collectif des Anonymous. Et au milieu de ce vacarme numérique, certains délinquants en ont profité pour faire du mal, « comme si une bande de criminels profitaient d'émeutes pour braquer une banque », raconte Guillaume Vassault-Houlière, expert en sécurité des systèmes d'information. Vol de données, espionnage entre États, attaques d'institutions financières ou propagation de *fake news* : tout devient encore plus simple pour les pirates en période d'instabilité dans le cyberespace.

La crainte de la grande panne généralisée est forcément à l'esprit de tous les spécialistes. Nos systèmes de contrôle et de sécurité individuels sont extrêmement vulnérables face à cette course à l'armement digital. Chaque année des dizaines de milliers de tests de pénétration sont lancés par des équipes de hackers éthiques contre les systèmes d'information des entreprises ou des services gouvernementaux, pour évaluer leur robustesse. Les résultats de ces tentatives d'intrusion consentante sont sans équivoque : elles réussissent dans 100 % des cas. Et les délinquants sont de plus en plus difficiles à traquer. Avec la démocratisation des outils de chiffrement, n'importe quel petit criminel dispose d'outils très puissants garantissant son anonymat. Pour se faire rémunérer, ils utilisent des cryptomonnaies comme Monero ou Zecash, très prisées notamment par le groupe des Shadow Brokers.

Trafiquants et terroristes ont de plus en plus recours à des messageries cryptées comme Telegram. Impossible d'intercepter leurs communications si l'on ne se trouve pas à l'un des deux bouts. Il faut aller voir directement sur l'ordinateur du suspect ou sur les serveurs Internet. Pour les chasseurs de pirates, cette évolution a de vraies conséquences sur la protection de la vie privée, car pour mener à bien leur mission, ils ont recours à des techniques de plus en plus intrusives.

Mais le pire est sans doute à venir. Pour comprendre l'évolution des tendances, les équipes de chercheurs en cybersécurité et les policiers spécialisés dans ces matières scannent en permanence le Dark et le Deep Web, fréquentent les forums et les chats de hackers qui se vantent de leurs exploits ou revendent les vulnérabilités qu'ils ont détectées. Une partie de leur job consiste à repérer ces nouvelles vulnérabilités et toute forme de menaces avant qu'elles ne soient découvertes par d'autres et qu'elles ne soient revendues à des groupes de hackers ou des gouvernements. Et les procédures d'investigation sont très normées.

Ces failles de sécurité sont mesurées de 0 à 10 selon une nomenclature élaborée par les Américains : le Common Vulnerability Scoring System (CVSS). Cet instrument d'évaluation a été mis au point par le National Infrastructure Advisory Council, une instance composée d'une trentaine de personnalités des secteurs publics et privés, formée au lendemain des attentats du 11 septembre 2001 et rattachée directement à la Maison-Blanche. Quand la menace est faible, elle est généralement rendue publique dans les semaines qui suivent sa découverte. Quand elle est forte les hackers éthiques et les sociétés de sécurité gardent pour eux leur trouvaille et préviennent l'organisation pour qu'elle corrige la faille.

La plupart de ces procédures de recherches sont aujourd'hui automatisées grâce à l'intelligence artificielle. Mais les experts remontent beaucoup d'informations au cours de leurs échanges sur les forums spécialisés sur lesquels ils se font eux-mêmes passer pour des délinquants. Et ce qu'ils découvrent n'est jamais rassurant. Depuis 2017, la tendance aux actions de cybersabotage s'est nettement renforcée. Cette fois l'intention n'est plus d'obtenir une rançon contre une clé de décryptage mais de détruire, purement et simplement. Les données sont effacées, et les espaces de stockage sont réécrits plusieurs fois pour déjouer toutes les tentatives de récupération. Les ravages provoqués durant l'été 2017 par NotPetya ont donné un avant-goût de la force dévastatrice de ces armes de destruction massive : des programmes prédateurs, qui ont l'apparence du ransomware, mais conçus uniquement pour causer le plus de dégâts possible. Des instruments de combat susceptibles d'être utilisés par des groupes terroristes mais qui font aussi désormais partie de la stratégie de dissuasion des grandes puissances.

Mais une autre menace se profile depuis le début de l'année 2018, tout aussi inquiétante : l'explosion de la cybercriminalité avec l'avènement des cryptomonnaies, comme le Bitcoin. La création de ces devises alternatives était pourtant née d'une idée noble, au lendemain de la crise financière de 2008. Mais l'enfer est parfois pavé de bonnes intentions. Et le hacker, toujours, colle aux modes de son époque.

L'histoire a commencé par un message posté sur un forum, le 11 février 2009 : « Tout est complètement décentralisé, sans ordinateur central ni parties de confiance, car tout est basé sur la preuve cryptographique au lieu de la confiance. » En postant ces quelques lignes, décrivant sommairement le fonctionnement de la Blockchain, Satoshi Nakamoto – pseudonyme du mystérieux auteur – ne se doutait sans doute pas de la révolution qu'il s'apprêtait à déclencher. Son invention permet à deux acteurs d'échanger, directement, de manière sûre et quasi instantanée des informations, des flux de paiement, des titres de propriété…

La transaction est validée et cryptée par des membres du réseau, qui lui appliquent une clé de cryptage extrêmement sophistiquée et ces membres sont en échange rémunérés en Bitcoins. Les blocs de transaction sont liés les uns aux autres et forment une chaîne réputée inviolable : tenter de violer ou de falsifier un élément reviendrait à corrompre toute la chaîne.

Le mystère plane toujours sur l'identité de l'inventeur du Bitcoin, le premier à conceptualiser le mécanisme de la Blockchain. Mais neuf ans plus tard, c'est toute l'économie mondiale qui se trouve potentiellement impactée. Du monde de la finance à celui de la logistique, en passant par l'industrie agroalimentaire, une multitude d'acteurs planchent aujourd'hui sur les transformations radicales que pourrait apporter cette technologie. Certains la comparent à l'avènement du protocole TCP/IP et les débuts de l'Internet grand public dans les années 90. Le réseau planétaire a bouleversé les méthodes de travail. La Blockchain va chambouler la façon de faire des transactions.

L'évolution n'était pas évidente car le mouvement s'est fondé au lendemain de la crise financière de 2008, sur des bases libertaires et antisystème. Aujourd'hui encore, des voix s'élèvent au sein des communautés de développeurs pour dénoncer les dérives. Vitalik Buterin, le jeune fondateur d'Ethereum, l'une des cryptomonnaies les plus utilisées, a récemment poussé un coup de gueule sur Twitter, estimant que les diverses communautés étaient désormais plus préoccupées par l'argent que par le but premier qui les animait : changer la société. En bancarisant, par exemple, des gens qui ne le sont pas.

Mais les mentalités changent à grande vitesse. Des centaines de cryptomonnaies ont été créées sur la base de cette technologie. Elles font l'objet d'une spéculation inouïe et attirent une myriade d'investisseurs aux profils très variés, depuis le trader de Wall Street, jusqu'à l'ex-star de téléréalité Nabilla Benattia, qui a vanté ce placement juteux sur son compte Snapchat, en janvier 2018. Une multitude de places de marché se sont développées à grande vitesse. Montées par des petits malins opportunistes, elles sont le plus souvent dépourvues de toutes barrières de sécurité et offrent de parfaites cibles pour des bandes de hackers motivés et organisés. Et les attaques ont commencé à s'enchaîner…

Dans la soirée du 26 janvier 2018, après des heures de rumeurs et de spéculation, Yusuke Otsuka a fini par prendre la parole, dans une salle de conférences de la Bourse de Tokyo. Costume et cravate sombres, l'air grave, le fondateur de la plateforme d'échange de crypto-monnaie Coincheck a reconnu qu'il avait été victime d'un cyberbraquage de grande ampleur : l'équivalent de 425 millions de dollars en NEM, l'une des plus importantes monnaies virtuelles japonaises, se sont ainsi volatilisés. Et le jeune homme d'affaires n'a absolument aucune idée de ce qu'ils sont devenus.

L'affaire constitue le plus gros vol de crypto-monnaie jamais enregistré jusqu'alors, et rappelle une autre attaque également perpétrée au Japon, quatre ans plus tôt. Considérée un temps comme la plus importante plateforme d'échange de Bitcoin au monde, la société Mt Gox s'est fait dérober quelque 355 millions de dollars, dans des conditions très similaires. Son directeur général, Mark Karpelès, un

Français, a été mis en examen par les autorités de l'archipel qui l'accusent de détournement de fonds.

Ces hold-up virtuels symbolisent la face obscure des cryptomonnaies. Elles démontrent à quel point ces nouvelles places de marché virtuelles sont vulnérables aux attaques. La multiplication des incidents interpelle également les experts en sécurité du monde entier. En 2018, le phishing et les logiciels malveillants conçus pour dérober ces monnaies virtuelles sont devenus pratiquement aussi répandus que les chevaux de Troie dans les campagnes d'e-emails malveillants. Les transactions en Bitcoin sont facilement reconnaissables par les hackers sur les ordinateurs ou smartphones des utilisateurs. Tout comme les portemonnaies électroniques qui abritent les cryptomonnaies. Un pirate qui parvient à pénétrer une de ces machines accède en priorité à la fonction presse-papiers, où la plupart des gens stockent les copier-coller de leurs mots de passe complexes, pour ouvrir le compte et transférer l'argent.

La tendance risque de s'intensifier dans les prochaines années, dans la mesure où la plupart des pays ne réglementent pas encore ces monnaies virtuelles. Le Groupe d'action financière, organisme international de lutte contre le blanchiment d'argent, a engagé une réflexion pour tenter d'encadrer le phénomène. Ses membres voudraient notamment pouvoir authentifier les nouveaux utilisateurs, comme cela se fait sur les marchés financiers classiques. L'un de ses objectifs est d'éviter que ces monnaies cryptées ne deviennent un instrument de financement du terrorisme et du cybercrime organisé. N'est-il pas déjà trop tard ? Pour le ministre de l'Intérieur Gérard Collomb, il ne fait aucun doute que le crime, « chaque jour, un peu plus, va se financer par les monnaies virtuelles ». Le Bitcoin a grandement facilité la vie des cybercriminels qui apprécient la préservation de l'anonymat et l'impossibilité de remonter aux sources.

Les transactions en Bitcoins ne sont pourtant pas totalement intraçables. « Avec des systèmes très puissants de reconnaissance de comportements, il est possible de remonter une piste », estime un expert en cybersécurité. Toujours en avance sur les gendarmes, les cybercriminels ont recours à de nouvelles monnaies cryptées qui préservent mieux l'anonymat, comme Zcash ou Monero. Et Charles Rami, analyste chez Proofpoint, observe une nouvelle tendance plutôt inattendue dans le paiement des rançons réclamées aux victimes de ransomware, ces virus qui prennent en otage les données. Les hackers apprécient peu la grande volatilité des cours des monnaies virtuelles et certains sont revenus au virement en dollar. À verser sur de bons vieux comptes off-shore.

Mais la folie des cryptomonnaies ne se limite pas monde des hackers. Au mois de mars 2018, les équipes de Hitesh Sheth, le fondateur de Vectra, ont fait une surprenante découverte : l'activité de minage[1] du Bitcoin dépend des calendriers universitaires chinois. Quand les étudiants sont en cours, elle est intense, mais en période de vacances, à Noël ou durant la Golden Week du mois d'octobre, la semaine de congé annuelle chinoise, elle s'effondre.

La déduction des chercheurs de Vectra est d'une logique implacable : les étudiants se servent des ordinateurs dans les universités pour effectuer leurs opérations de minage et amasser de la cryptomonnaie. Les opérations se font évidemment sans autorisation et à l'insu de l'administration académique. Le minage de monnaies virtuelles est devenu la nouvelle activité ultra-lucrative du cyberespace. Du jeune étudiant astucieux aux cybergangs mafieux, tout le monde s'y met.

Ou presque… Car cette activité nécessite des moyens considérables, une puissance de calcul colossale pour résoudre ces équations complexes et l'exercice suit une trajectoire immuable : plus longue est la blockchain, plus difficile est le calcul pour résoudre l'équation. Pour cette raison, le minage du Bitcoin, mère de toutes les cryptomonnaies, est devenu quasi inaccessible : seules les immenses fermes de serveurs

---

1. Le minage, c'est le procédé par lequel les transactions Bitcoin sont sécurisées. À cette fin les mineurs (des particuliers ou des groupes d'individus) effectuent avec leur matériel informatique des calculs mathématiques pour le réseau Bitcoin. Les ordinateurs deviennent alors des sortes de champs ou de fermes qui sont cultivés par des moissonneurs numériques, qui épuisent son énergie et utilisent une partie majeure de sa capacité de production.

construites *ad hoc* en Mongolie-Intérieure sont encore capables d'accomplir de telles tâches. L'autre solution est de construire soi-même sa ferme virtuelle dans le cyberespace : en piratant des centaines de milliers d'ordinateurs ou d'objets connectés à Internet. La puissance des machines s'additionne.

Auparavant, les pirates informatiques qui parvenaient à constituer ces gigantesques botnets s'en servaient pour lancer des attaques massives contre des organisations dont ils faisaient tomber les sites Web ou le système d'information. Aujourd'hui, ils les transforment en usines à fabriquer de la cryptomonnaie. Les utilisateurs des engins piratés ne se rendent compte de rien, sinon de la lenteur soudaine de leur appareil… et un peu plus tard, en recevant leur facture d'électricité. Quand un ordinateur tourne à 90 % de sa capacité au lieu de 30 à 40 % habituellement, la note est forcément salée.

Aucune industrie n'est épargnée par ces attaques d'un nouveau genre : selon Vectra, 3 % des entreprises de la santé et du secteur de la finance seraient infectés. Mais les universités et les grandes écoles battent tous les records : 60 % des machines seraient infiltrés par les mineurs de cryptomonnaie. Leur intérêt est évidemment financier. Le cours du Bitcoin a été multiplié par 40 entre la mi-2015 et la mi-2018. Et les autres devises cryptées subissent la même spéculation.

Mais une autre motivation anime forcément les hackers. Les chercheurs en cybersécurité ont donné un nom à cette nouvelle menace larvée : l'attaque « Goldfinger », dite aussi l'attaque des 51 %. Si un groupe parvient à accaparer plus de 50 % de la puissance de calcul du réseau, il pourrait alors refuser certaines transactions ou modifier l'ordre de celles-ci, en construisant une chaîne plus longue que celle utilisée habituellement pour ensuite la substituer à celle développée par les mineurs honnêtes. La bande de hackers disposerait alors d'une blockchain à sa main, biaisée, corrompue.

Les dangers liés à l'essor des cryptomonnaies ravivent les craintes d'un grand soir digital, ce jour où une attaque d'envergure déclenchera une panne monumentale dans le cyberespace. Pour beaucoup de spécialistes, la question n'est plus de savoir si cela peut se dérouler mais plutôt quand cela arrivera. Les méchants virus, les malwares dévastateurs, les cyberarmes de destruction massive existent. Mais qui peut avoir intérêt à mettre hors service le réseau planétaire ?

CHAPITRE 5

CARNAGE DANS L'INTERNET CORPORATE

> « Messieurs, vous ne pouvez pas vous battre ici. Vous êtes dans le PC de guerre. »
>
> President Merkin Muffley – *Docteur Folamour*

Comme tous les vendredis après-midi, Costin Raiu s'apprêtait à décrocher tranquillement pour profiter de la douceur du week-end à Bucarest. Un temps de repos qu'il consacre habituellement à sa petite famille et ses deux autres passions : le jeu d'échecs et le football. Une pause méritée. Après tout, les pirates informatiques prennent bien leur week-end, eux aussi. Mathématicien de haut vol, passionné de cryptographie et d'arithmétique de haute précision, cet ingénieur roumain est considéré comme l'un des meilleurs spécialistes mondiaux de la traque antivirus. Depuis 2010, il est à la tête du Global Research & Analysis Team, l'équipe de chercheurs internationaux de la société russe de cybersécurité Kaspersky Lab, qu'il dirige depuis sa Roumanie natale.

En vingt-cinq ans de métier, il a vu prospérer cette industrie du crime. Quand il a commencé à travailler, il devait combattre un virus tous les deux mois. Aujourd'hui, ses équipes de spécialistes traitent un demi-million d'échantillons par jour, essentiellement grâce à de l'intelligence artificielle. Mais une centaine de programmes jugés « intéressants » font l'objet d'un traitement particulier. Costin Raiu jette un œil distrait à sa boîte de courrier électronique. Ce 12 mai 2017 ressemble décidément à n'importe quel vendredi tranquille, se dit-il, jusqu'à ce qu'il ouvre le courriel paniqué d'un collègue installé en Espagne.

L'opérateur télécom national Telefonica vient de l'avertir d'une attaque virale très violente chez plusieurs de ses clients, une agression d'un nouveau genre, dévastatrice. Les victimes racontent toutes la même histoire : une page rouge qui s'affiche soudain en plein écran sur leur ordinateur et ce message définitif, à l'entame d'un petit texte explicatif : *« ooops, your files have been encrypted! »* Pas d'image de tête de mort ou de vengeur masqué, style Anonymous, juste un cadenas et cette notice d'explication très claire : tous les fichiers stockés sur l'ordinateur ont été cryptés et sont donc devenus inaccessibles. Pour les récupérer, l'utilisateur devra verser une rançon de quelques centaines de dollars, en équivalent Bitcoins. Le ransomware Wannacry venait de faire ses premières victimes.

À 2 000 kilomètres de là, Michel Van Den Berghe reçoit les mêmes signaux. Le directeur général d'Orange Cyberdéfense est un ponte de la sécurité informatique en France. Voilà une trentaine d'années qu'il œuvre dans cet univers mouvant. En 2002, avec son compère Marc Blanchard, ils ont fondé leur entreprise spécialisée dans le domaine, Atheos, et l'ont vendue à Orange, en 2014, tout en gardant le contrôle opérationnel de la compagnie. Ils ont créé un laboratoire spécifique d'épidémiologie et imaginé un processus d'incubation permettant d'étudier l'activité d'un malware et la stratégie de son géniteur. La spécialité de leur laboratoire est de détecter ce qui n'a encore jamais été observé.

Avec leurs collègues de Telefonica, l'information circule vite. Le virus exploite une vulnérabilité dans le programme Windows XP, une ancienne version du système d'exploitation de Microsoft, datant de 2001, mais encore très utilisée dans l'industrie et de nombreuses administrations. Cette faille est connue depuis peu et le groupe américain a publié un patch, un bout de code permettant de colmater la brèche et d'empêcher toute intrusion. Mais dans certaines organisations au rayonnement mondial, l'application du remède peut prendre des semaines. Et certains ont pris du retard. « Si nous demandons à une grande banque de faire des mises à jour de sécurité de façon urgente, cela va lui prendre un mois », confie Laurent Heslault, directeur des stratégies de sécurité du groupe américain Symantec.

Les premières victimes sont identifiées en Espagne, ainsi qu'au Royaume-Uni où plusieurs hôpitaux sont touchés et bloqués par le ransomware destructeur, qui se montre d'une virulence extrême. Le programme s'installe sur les machines, encrypte les données et cherche à se propager le plus vite possible sur le réseau. Contrairement au mode opératoire classique, le virus ne semble pas avoir besoin de pièces jointes dans des courriels pour se répandre. Il suffit que les ordinateurs soient connectés. Le programme malveillant trouve sa voie.

En quelques jours, plus de 300 000 machines vont être infectées par le virus : des particuliers, des agences gouvernementales, des hôpitaux et beaucoup d'entreprises, notamment françaises. Renault et Saint-Gobain sont ainsi contraintes de stopper certaines de leurs unités de production. Comment lutter ?

L'éditeur allemand de logiciel antivirus G Data a identifié précisément 8 400 048 virus en tout genre, en 2017, une augmentation de 23 % par rapport à l'année précédente. La sécurité devrait en théorie représenter 10 à 15 % du budget informatique d'une entreprise. Et selon Michel Van Den Berghe, neuf entreprises françaises sur dix ne possèdent aucun moyen de protection digne de ce nom pour se défendre contre ces menaces. En cas d'attaque, il faut généralement compter trois à quatre mois pour appliquer les remèdes nécessaires et espérer un retour à la normale. Mais il est très rare qu'une victime récupère l'intégralité de ses données après avoir été infectée.

Wannacry n'était qu'un début. Dans les semaines qui suivent, d'autres virus vont apparaître, exploitant les mêmes vulnérabilités mais touchant cette fois plusieurs versions du système d'exploitation de Microsoft. C'est notamment le cas d'Adylkuzz qui s'installe silencieusement sur les ordinateurs dont il utilise la puissance de calcul pour miner une cryptomonnaie, le Monero.

Et le 27 juin, l'Ukraine donne l'alerte : le ver informatique NotPetya a commencé à se répandre partout dans le pays. Il se propage par le biais d'un formulaire de l'administration fiscale ukrainienne auquel toutes les entreprises sont tenues de se connecter. Le malware utilise toujours les vulnérabilités de Windows et les entreprises qui n'ont pas eu le temps d'appliquer le patch diffusé par l'éditeur américain sont frappées une seconde fois. Les données sont cryptées, une demande de rançon est également formulée, mais à la différence de Wannacry, le paiement de la somme ne permet pas de récupérer ses précieuses informations. L'objectif de NotPetya n'est pas économique, c'est la destruction massive.

Le groupe Saint-Gobain est à nouveau contaminé. À partir de l'une de ses filiales en Ukraine, c'est l'ensemble des entités de l'entreprise qui va être contaminé par le virus à travers le monde, jusqu'en Amérique du Sud. Les clients sont également touchés par ricochet : dans les réseaux de distribution du groupe, Point P et Lapeyre, les vendeurs se remettent au papier et au crayon de bois pour passer les commandes. La multinationale subira les conséquences de l'attaque sur son organisation durant des semaines. Mais l'impact financier est également très lourd : Saint-Gobain le chiffre à près de 250 millions d'euros de manque à gagner sur son chiffre d'affaires 2017. Ce chiffre ne prend évidemment pas en compte les dégâts causés à ses installations par les deux campagnes de malwares, ni les moyens engagés pour éradiquer le mal et tenter de reprendre le contrôle de la situation.

En réalité, il est très difficile de quantifier les conséquences d'une telle crise sur le long terme, car ce n'est pas nécessairement au moment de l'attaque que l'impact est le plus fort. Cela peut parfois se ressentir sur plusieurs années. Par contre, ses conséquences sont de plus en plus difficiles à dissimuler. Fini l'époque où les entreprises faisaient tout pour garder le silence sur les piratages dont elles étaient victimes. « Aujourd'hui, la maturité des dirigeants est plus grande, les incidents sont systématiquement remontés au comité de direction du groupe de même que les analyses de ces attaques », explique Bernard Cardebat, le patron de la sécurité des systèmes d'information d'Areva, victime d'un piratage de très grande ampleur qui aura duré pendant deux ans, et révélé il y a quelques années.

Compliqué de garder le secret sur ses déboires digitaux à l'heure de l'information ouverte et de l'omniprésence des réseaux sociaux. Coup dur supplémentaire pour Saint-Gobain, le groupe a également dû gérer une communication de crise après une involontaire fuite interne sur l'origine de la panne soudaine de ses systèmes d'information. Ses communicants auraient sans doute eu du mal à cacher très longtemps le chaos provoqué par NotPetya, mais ils ont dû réagir en extrême urgence après que l'information a commencé à circuler sur les réseaux sociaux. En effet très agacé d'avoir perdu son rapport de stage hébergé sur son ordinateur au bureau, un étudiant en formation chez Saint-Gobain avait publié la photo de son écran affichant l'attaque de NotPetya.

Les deux attaques successives, Wannacry et NotPetya, ont servi d'électrochoc. Elles ont révélé au grand jour la fragilité des systèmes d'information, tant des gouvernements que des entreprises, et la détermination des criminels de tout poil pour les pénétrer. Les attaquants semblent s'être nettement professionnalisés au fil des mois. Leurs campagnes sont de plus en plus ciblées et visent des entreprises en particulier, après un sérieux travail d'ingénierie sociale. Les pirates se renseignent, par exemple, sur le niveau de production d'une usine. Ils connaissent sa capacité journalière et ce que cela coûte à son propriétaire en cas d'interruption. Avant d'injecter leur programme malicieux dans les ordinateurs de l'exploitation, ils se sont aussi renseignés sur la situation financière de la société. Pour récupérer son usine bloquée par un ransomware, celle-ci devra s'acquitter d'une somme équivalente à une ou plusieurs semaines de production. En fonction de sa capacité à payer.

La menace de ces ransomwares est donc très loin d'être endiguée. À la fin du mois de mars 2018, le géant américain Boeing avait à son tour été la cible d'une attaque du virus Wannacry, près d'un an après le début de la première pandémie. Mais les spécialistes en cybersécurité ont appris à mieux collaborer pour mieux parer les coups. Dans le cas d'un ransomware, ou d'un programme malicieux visant à détruire des bases de données, l'attaque et ses conséquences sont immédiatement perceptibles. Et lorsque les premiers symptômes font leur apparition, le temps devient un paramètre décisif. Chaque minute compte alors pour les chasseurs de virus. Pour ces deux offensives très spectaculaires, ceux-ci ont pu compter sur le décalage horaire.

Dans l'industrie informatique, les équipes de développeurs dispersées à travers le monde utilisent souvent une technique d'organisation du travail dite «*follow the sun*», consistant à profiter au maximum des fuseaux horaires. Dans la cybersécurité aussi, les experts suivent la marche du soleil. Une stratégie simple et, en principe, efficace : un malware se déclenche en général au moment où les machines sont allumées ou lorsqu'un utilisateur ouvre une pièce jointe dans un courrier électronique.

Bref, le virus peut difficilement se disperser sans action humaine. La pandémie se développe au rythme de son activité. Pour la stopper, ou du moins la ralentir, il faut un système d'alerte et de prévention qui suive le soleil. En clair, si un virus est détecté sur un ordinateur à Moscou ou Kiev, à l'ouverture des bureaux, vers sept heures du matin, les spécialistes en cybersécurité ont une heure pour mettre en place un dispositif permettant d'éviter que le virus ne se propage sur les systèmes à Paris lorsque les Français arriveront au bureau et allumeront leur ordinateur avant d'aller discuter avec les collègues à la machine à café.

La mise en place de ces procédures d'urgence nécessite une collaboration à toute épreuve entre les responsables de la cybersécurité dans les entreprises, les gouvernements, les forces de police. Les choses ont heureusement progressé au cours des quinze dernières années. Michel Van Den Berghe se souvient du climat de méfiance généralisé qui régnait dans le petit milieu des directeurs informatiques, au début des années 2000. Tout le monde cachait sa copie, une forme de paranoïa régnait, il n'était pas question d'échanger de l'information sur ses systèmes de défense, et encore moins de partager les expériences lors d'attaques virales.

Le responsable d'Orange Cybersécurité a été parmi les premiers, en France, à imaginer le concept de forteresse Vauban pour protéger les infrastructures publiques et privées. En 2004, il a fondé les RIAMS, les Rencontres de l'Identité, de l'Audit et du Management de la sécurité des systèmes d'information, qui rassemblent chaque année les principaux responsables français dans ce domaine. Tous les dirigeants des entreprises du CAC 40 en font partie.

Surtout, les acteurs économiques et politiques ont multiplié la création de centres d'alerte depuis le début des années 2000, le Computer Emergency Response Team ou CERT, un concept mis en place aux États-Unis à la fin des années 80, après la propagation des tout premiers virus informatiques. Il existe aujourd'hui une quarantaine de ces unités de réponse rapide dans l'Hexagone, spécialisées par branche d'activité. Certaines grandes entreprises, notamment les banques, ont mis en place leur propre centre alerte. L'objectif de ces équipes est autant de mener des missions de veille sur les menaces en cours et à venir que de s'organiser face à des épisodes de crise. L'information, autant que possible, est mise à la disposition du plus grand nombre.

L'administration française a quant à elle mis en place son propre CERT en 2000, une entité qui fait partie du dispositif utilisé pour protéger les systèmes d'information de l'État. L'ensemble est placé sous la responsabilité de l'ANSSI (Agence nationale de la sécurité des systèmes d'information), pilotée par Guillaume Poupard. Sa mission : surveiller un bon millier de systèmes d'information gérés par 230 opérateurs d'importance vitale (OIV) que le pays ne peut pas se permettre de voir tomber en panne, ou entre les mains d'un groupe d'individus très mal intentionnés. Autrement dit, ces organisations exercent des activités indispensables ou dangereuses pour les populations.

La liste de ces opérateurs sensibles est évidemment gardée confidentielle mais on peut aisément en deviner la nature : ministères, infrastructures de défense et de transports, réseaux d'énergie ou d'assainissement et de distribution d'eau, aéroports et hôpitaux, banques et réseaux de télécommunications… environ la moitié du CAC 40 est concerné. L'ANSSI a également répertorié plusieurs centaines de services essentiels. Le boulot de l'agence et de ses 530 spécialistes n'est pas d'empêcher les attaques – une tâche quasi impossible – mais de les détecter et d'en réduire les effets. « Si une bande de hackers voulait faire plier le pays, il leur suffirait de pirater et détruire le système gérant le système de collecte et d'évacuation des eaux usées des grandes villes, explique le dirigeant d'une société de cybersécurité. Les cités seraient désertées par leurs habitants humains en trois jours. »

Ce scénario constitue le cauchemar de tous les responsables de ces infrastructures hautement sensibles. Et malheureusement, il ne constitue pas une simple hypothèse de travail. Tous ont évidemment en tête l'immense opération de cybersabotage qui a paralysé l'Estonie durant plusieurs semaines en 2007. Ou, plus récemment, les attaques à répétition du virus Black Energy, dont est victime le réseau électrique ukrainien, chaque année en décembre, depuis 2015.

À l'été 2017, le Royal United Services Institute, un think tank britannique spécialisé dans les questions de sécurité et de défense, a publié un rapport très alarmiste sur l'état des cybermenaces encourues par ces infrastructures cruciales en Occident, et particulièrement en Grande-Bretagne. Le royaume venait d'être frappé en son cœur : le système de messagerie électronique de la Chambre des communes avait en effet été piraté au mois de juin. Mais d'autres signaux inquiétants sont apparus sur les radars de ces spécialistes des questions de cybersécurité.

Avec des techniques d'hameçonnage très proches de celles utilisées pour paralyser les infrastructures d'approvisionnement électrique en Ukraine, des pirates ont procédé à plusieurs tentatives d'intrusion sur les systèmes de l'Electricity Supply Board (ESB), le fournisseur d'électricité de l'Irlande du Nord et de la République d'Irlande. Des courriels ont été envoyés à plusieurs hauts responsables de l'entreprise ayant tous accès au système de contrôle du réseau énergétique.

Les pirates avaient très bien fait leur boulot d'engineering social et semblaient connaître parfaitement les rouages de la société et ses différentes actualités. Les messages étaient extrêmement bien conçus, très crédibles. Certains étaient rédigés par de faux candidats à de vrais postes ouverts dans l'entreprise. Lettre de motivation et CV figuraient en pièce jointe. D'autres courriels faisaient référence à des pannes ou incidents bien réels, en cours dans une des unités de production du groupe. Et tous incitaient le destinataire à ouvrir la pièce jointe ou à cliquer sur le lien hypertexte inséré dans le corps de la missive.

En réalité, ces courriers électroniques comportaient tous un attachement contenant un malware qui aurait permis au hacker de s'introduire dans le système à l'insu du destinataire. Selon le *Times* de Londres, le groupe derrière cette attaque serait lié aux services de renseignement militaire russes, le GRU.

C'est également la conclusion du FBI et du département américain de la Sécurité intérieure qui ont détecté, à la même époque, des tentatives d'intrusion dans les ordinateurs de plusieurs centrales nucléaires aux États-Unis, toujours avec cette même méthode de phishing. Les deux agences américaines ont même publié un communiqué commun alertant tout le secteur énergétique de ces menaces persistantes, en pointant du doigt la Russie, mais sans qu'aucune preuve tangible vienne confirmer cette attribution.

En France, EDF a reçu les mêmes types de messages électroniques, toujours très réalistes. Olivier Ligneul, directeur de la cybersécurité de l'électricien, évoque même un phénomène récurrent : « Nous sommes plusieurs acteurs liés aux intérêts nationaux à être régulièrement la cible de ce type d'attaques de phishing, avec des messages aux objets anodins, du type : ce séminaire devrait vous intéresser. » Son équipe est en veille permanente sur ce qui se passe autour de l'entreprise mais aussi dans le vaste monde de l'énergie. Les crises à répétition en Ukraine, en particulier, sont prises très au sérieux. « Nous apprenons beaucoup sur ces nouveaux types d'attaque », témoigne-t-il. Les hackers visant l'outil de production d'électricité ukrainien s'en prennent également aux centres d'appel dans le pays, afin que les clients ne puissent pas prévenir des pannes. Une attaque très sophistiquée et impeccablement coordonnée, visant probablement à causer un maximum de dégâts tout en semant la pagaille dans les infrastructures pour retarder le rétablissement du courant et en provoquant la panique parmi la population.

Comme la plupart de ses pairs chargés de la protection de leur organisation contre les cybermenaces, Olivier Ligneul sait que le risque zéro ne peut pas exister. Dès qu'il y a du code quelque part se crée simultanément la menace associée à ce programme. La défense totale et parfaite n'existe pas. Dans un contexte d'augmentation croissante des attaques, « nous sommes obligés de nous concentrer sur les endroits où nous possédons les actifs les plus critiques », concède le responsable d'EDF. Comme dans un mécanisme de poupées russes, l'électricien cloisonne ses différents systèmes d'information et déconnecte ses sites de production de tous les autres systèmes et les sépare évidemment des réseaux extérieurs. Plus on va vers le centre du système, plus le niveau de sécurité est élevé.

Les cercles de confiance constitués au sein des CERT apportent une couche de sûreté supplémentaire. À l'approche de Wannacry et de NotPetya, Olivier Ligneul a lui aussi reçu très tôt les avertissements de la part de son réseau. Exactement comme dans un système d'alerte aux ouragans, lorsque plusieurs postes d'observation vous préviennent qu'il y a de fortes probabilités pour que la tempête soit toute proche. Il permet aux victimes potentielles de se protéger et éventuellement de réagir.

Au ministère des Armées, au moment de ces deux attaques aux effets dévastateurs, le branle-bas de combat a été lancé deux heures seulement après que les premières attaques ont été signalées. Les passerelles ont été coupées, comme le résume un militaire. Les serveurs abritant les messageries électroniques ont été laissés ouverts, en revanche, la navigation sur le Web a été totalement fermée. Pour le vice-amiral d'escadre Arnaud Coustillère, actuel directeur des systèmes d'information de l'État, les malwares Wannacry et NotPetya constituaient des « avertissements sans frais », une sorte de répétition générale avant un possible grand soir. Patron de la cybersécurité du ministère des Armées au moment des faits, il estime, avec le recul, que le pire a été évité. « Si ces virus étaient rentrés chez nous, cela aurait pu faire beaucoup de dégâts car nous n'avions pas fini de déployer partout le patch fourni par Microsoft pour corriger la vulnérabilité », explique-t-il.

En 2015, au moment des attentats de Paris, les différents sites Web du ministère des Armées ont été la cible d'attaques en série. Les actions malveillantes étaient du type déni de service dont l'objectif est de rendre un site inutilisable en le bombardant de requêtes dans un espace de temps réduit. Le mode opératoire avait tout d'une « épreuve de travaux pratiques d'une école informatique chinoise », raconte le militaire. Quand un site tombe une première fois, il devient ensuite l'objet d'attaques récurrentes. Les militaires français ont appris de cette crise, suivant en cela l'exemple de stratégies développées dans le privé qui peuvent se résumer en trois mots : réduire les adhérences. Il faut supprimer les points d'entrée à la sphère de l'entreprise qui ne sont pas indispensables.

L'exemple de Saint-Gobain, infecté mondialement par les deux virus crypteurs à partir d'une lointaine filiale en Ukraine, est dans toutes les têtes. Responsable de la sécurité des systèmes d'information du groupe Lagardère, Thierry Auger doit résoudre quotidiennement ce véritable casse-tête : superviser une centaine de plateformes à travers le monde. « Si je n'ai pas besoin d'adhérences fortes entre ces systèmes, je les enlève », résume-t-il. Plus les entreprises sont grandes, plus elles sont difficiles à protéger.

D'EDF à Lagardère, en passant par Airbus, la bonne pratique est aujourd'hui de compartimenter au maximum ses systèmes pour éviter les propagations de malwares en tout genre. Les organisations y perdent sans doute un peu en efficacité, mais elles y gagnent nettement en sécurité. Le ministère des Armées a ainsi réduit son exposition sur le Web. Les espaces consacrés à l'information et à la communication ont été fermés et leur contenu a été transféré sur une page Facebook ouverte par les militaires.

Le vice-amiral Coustillère a consacré toute sa carrière à observer et à combattre ces nouveaux fronts de la guerre informatique dans la marine, puis à terre, au sein de l'administration centrale. Jusque dans les années 90, la science informatique était avant tout un moyen pour accroître l'efficacité. Tout a changé avec la prolifération technologique des années 2000. « Aujourd'hui, c'est le Far West, ou plutôt les pirates de la mer, explique-t-il. Et le plus important est de disposer de la meilleure information le plus rapidement possible. »

Les ententes cordiales construites au niveau mondial pour anticiper des attaques de plus en plus violentes permettent certainement de limiter la casse. Mais en réalité, les cyberforteresses Vauban s'apparentent à des châteaux de cartes face à la prolifération des menaces. Car, dans la plupart des cas, les attaques ne sont pas visibles par les victimes et les dégâts ne s'arrêtent pas tant qu'elles n'ont pas été détectées. Et même alors, l'étendue du désastre reste difficile à apprécier.

Les mentalités des dirigeants changent, mais les entreprises préfèrent encore souvent communiquer le moins possible sur ces attaques et leurs implications, considérées comme des informations très sensibles pour la concurrence. Tant que les apparences sont sauves…

Une nouvelle menace commence à se répandre, comme dans d'autres capitales mondiales : les hackers ciblent les palaces et les grands hôtels. Leurs attaques visent à prendre simultanément le contrôle des caméras de surveillance et le système de réservation de l'établissement. Les pirates peuvent faire chanter les propriétaires de l'hôtel en menaçant de divulguer la liste des célébrités occupant leurs chambres. Ils peuvent aussi s'adresser directement aux clients s'ils découvrent des situations embarrassantes sur les vidéos piratées.

Les menaces se multiplient et se font de plus en plus sophistiquées alors que les services de police et de renseignement se montrent encore trop souvent désarmés. Dans le courant de l'année 2015, le malware Dridex a commencé à faire parler de lui : véhiculé par courriel, ce logiciel s'installait sur les ordinateurs pour piller les données bancaires. « Nous avions détecté la présence de Dridex sur les réseaux d'entreprise dès 2014 et nous avons mis six mois à réagir, cela ne doit plus se reproduire, nous devons être plus efficaces », tonne le colonel Éric Freyssinet, chef de la Mission numérique de la gendarmerie nationale. Depuis plusieurs années, la riposte s'organise en France entre les secteurs publics et privés pour tenter d'endiguer cette déferlante cybercriminelle, mais, comme dans la vie réelle, le voleur garde encore souvent un coup d'avance sur le gendarme.

« La donnée industrielle est une énorme passoire », observe Erwan Keraudy, cofondateur de CybelAngel. Lancée en 2013, son entreprise est spécialisée dans la prévention de ces attaques et conseille aujourd'hui des dizaines de clients, grands groupes européens de plus de 10 000 salariés.

Il était auparavant employé comme trader par une très grosse société d'investissement, à Mumbai, poumon économique de l'Inde. Il s'ennuyait ferme dans son job et pour passer le temps, il traînait sur les forums de pirates informatiques. Toujours, le goût de l'aventure.

Il découvre la face sombre du cyberespace, les multiples trafics qui se développent sur le darknet, sous le radar des forces de l'ordre. Le commerce des numéros de cartes bleues volées est particulièrement florissant. Il lui vient une idée. Avec son frère Stevan, centralien, chercheur universitaire en *machine learning*, et leur camarade Matthieu Finiasz, spécialiste en cryptographie, ils montent leur première entreprise, baptisée EmailAngel, qui a pour vocation de prévenir les victimes de vol de données. Ils tirent notamment l'alerte, en 2011, après que des responsables de l'UMP se sont fait subtiliser leurs informations personnelles – adresse personnelle, messagerie électronique, numéros de téléphone… Mais l'essentiel de leur activité concerne le signalement de vols de données bancaires, notamment par le biais de techniques d'amorçage.

Après un mois seulement d'opération, ils signalent un million de numéros de cartes bleues dérobées. Quand, en février 2013, une banque les approche pour leur proposer de les rémunérer pour ces renseignements, les trois compères comprennent qu'ils ont trouvé leur modèle économique. Leur société prend alors le nom de la gardienne des savoirs dans la mythologie grecque : Cybelle.

Et leur business connaît une croissance exponentielle. Les équipes d'ingénieurs de CybelAngel scannent en permanence les 4,3 milliards d'adresses IP – ordinateurs, frigos connectés, caméras de surveillance… et détectent les failles. Des millions d'appareils ne disposent d'aucune sécurité native et sont ouverts aux quatre vents digitaux… Ils accèdent ainsi, chaque jour, à une montagne de documents non protégés et plus ou moins sensibles : architecture technique d'une des plus grosses banques mondiales, dessin d'un nouveau moteur d'avion, plan d'un *data center* d'un géant de l'Internet… Erwan Keraudy contacte alors les propriétaires de ces données précieuses, censées rester secrètes, pour les sensibiliser aux failles de sécurité qui menacent l'intégrité de leur organisation.

Si précautionneuses soient-elles, les entreprises ne peuvent jamais garantir leur sûreté digitale ni l'étanchéité de leur cyberforteresse. Selon Keraudy, dans 90 % des cas, la négligence ne vient pas de l'entreprise elle-même mais de ses clients ou fournisseurs. Et l'action de CybelAngel est efficace. Quand elle pointe du doigt une faille importante sur une infrastructure sensible, la page ou le site compromettant est fermé dans les 24 heures. Preuve que ce danger est désormais pris très au sérieux dans les états-majors des grands groupes, Erwan Keraudy discute de ces sujets directement avec les P.-D.G.

Les comportements sont en train de changer, par la force des choses. Longtemps, les dirigeants d'entreprise ont plaidé l'ignorance. Cette époque est révolue avec la mise en place du Règlement général sur la protection des données (RGPD), un texte mis en place dans toute l'Union européenne depuis le 25 mai 2018, et qui contraint tous les acteurs à prendre les mesures nécessaires pour protéger les données en leur possession, sous peine de lourdes sanctions et d'une amende pouvant aller jusqu'à 4 % du chiffre d'affaires de l'entreprise. Mais au-delà de la crainte du coup de bâton, ces responsables craignent surtout pour la survie même de leur organisation. « Nous traitons une vingtaine de cas chaque année, mais nous n'en parlons jamais », confie Guillaume Poupard.

Au-delà de la perte de données, le principal risque auquel doivent faire face les entreprises réside dans la manière dont elles gèrent leur communication de crise. « Nous voyons parfois de petites affaires qui deviennent de très grosses affaires parce que la communication a été très mal gérée par la victime », raconte le patron de l'ANSSI.

Les intentions réelles d'une telle opération malveillante sont multiples : activisme, espionnage, vol d'informations… mais elles constituent aussi fréquemment une phase dans un vaste plan de déstabilisation dans une période de fusion-acquisition, de compétition pour un marché, par exemple. À l'occasion, Guillaume Poupard et ses équipes conseillent également les comités de ces grands groupes en souffrance.

Certains mastodontes ont frôlé la mort à la suite d'une attaque de hackers. En 2012, le virus Shamoon a détruit les disques durs de quelque 35 000 ordinateurs de Saudi Aramco, obligeant les salariés du groupe pétrolier saoudien à revenir au papier et au crayon de bois durant quelques mois.

En novembre 2014, le studio Sony Pictures Entertainment a fait l'objet d'une attaque massive ciblée par un groupe se présentant sous le nom de Guardians of Peace, soupçonné par les autorités américaines d'œuvrer pour le compte du régime nord-coréen, en représailles à la sortie du film satirique *The Interview*, moquant le dictateur Kim Yung-un. Quatre films produits par le studio ont été mis en accès libre sur des sites de streaming illégaux plusieurs mois avant leur date de sortie officielle, et des informations sur les salariés du groupe ont été dérobées, y compris des conversations par courriels, au contenu parfois très cru, dont la publication quelques mois plus tard, par WikiLeaks, provoquera scandales, plaintes et démissions.

Dans une autre affaire, Behzad Mesri *alias* Skote Vahshat, ressortissant iranien né en 1988, a fait son apparition sur la liste des criminels les plus recherchés par le FBI. Les autorités américaines l'accusent d'être à l'origine du piratage de HBO. La chaîne de télévision payante s'est fait voler des futurs épisodes de la série *Game of Thrones*, mais elle a refusé de payer la rançon que lui réclamait le hacker qui a diffusé les épisodes sur Internet pour se venger.

Aucune industrie n'est épargnée. En 2013, le géant américain de la distribution Target a été la cible d'une attaque massive : en passant par le système de gestion de sa ventilation, les pirates ont réussi à s'introduire dans le système de caisse et ont dérobé les données personnelles de 40 millions de clients, y compris leur numéro de cartes de crédit. Le groupe estime à environ 150 millions de dollars les différents coûts induits par l'attaque.

En juillet 2015, Hashley Madison, le site de rencontre américain, s'est fait voler sa base d'abonnés et les données – très personnelles – de 32 millions d'utilisateurs ont été mises en ligne. En septembre 2017, Equifax, l'agence américaine d'évaluation de crédit, a perdu près du quart de sa valeur en quelques heures quand ont été révélés le piratage de ses données et ses conséquences : les identités et informations personnelles de dizaines de millions de Britanniques et d'Américains dévoilées au grand jour sur Internet.

Chiffrer les conséquences économiques de ces crises est un exercice complexe. Dommages et intérêts, manque à gagner, chute d'activité, baisse de notoriété… nombreux sont les paramètres à évaluer. Dans la fuite de données massives dont il a été victime en octobre 2016, le géant californien du secteur VTC Uber a coché à peu près toutes les cases de ce qu'il ne fallait surtout jamais faire. Ses dirigeants ont préféré garder le silence sur le piratage dont ils ont été victimes : le vol de données personnelles concernant quelque 57 millions d'utilisateurs de son service hébergé dans le Cloud d'Amazon. Pire encore, ils ont payé une rançon de 100 000 dollars pour que les hackers se taisent sur leur forfait et détruisent les données qu'ils avaient téléchargées. « Ce qui est troublant c'est que les dirigeants d'Uber aient mis plus d'un an à dévoiler ce piratage. Cela viole très probablement de nombreuses lois sur la notification des violations de données aux États-Unis », estime Jérôme Segura, Lead Malware Intelligence Analyst chez Malwarebytes.

Cet Uber Leaks révèle la vulnérabilité croissante des entreprises dont les frontières s'étendent désormais bien au-delà leur périmètre. « De plus en plus d'entreprises sous-traitent l'hébergement de leurs données dans le cloud, mais personne ne se préoccupe de sécuriser ces informations », observe Costin Raiu. En octobre 2017, le géant du conseil Deloitte a lui-même été victime d'une grave intrusion. Son système de messagerie, hébergé dans le cloud de Microsoft, a été piraté. Le butin des hackers est impressionnant autant qu'inquiétant : des centaines de milliers de courriels confidentiels échangés avec quelque 350 clients dans le monde : les plus grandes entreprises mondiales, les Nations unies, les ministères américains des Affaires étrangères, de la Défense, de l'Énergie et de la Sécurité intérieure… il faudra probablement des années avant de connaître les implications réelles de cette brèche.

L'entreprise du XXIe siècle est une masse poreuse. Ses périmètres sont de plus en plus étendus, avec ses flottes de smartphones et de PC portables, les caméras de surveillance et des objets connectés en tout genre. Les responsables de la sécurité n'ont plus les moyens humains et matériels de superviser le déploiement et la sécurisation de leur réseau et recourent de plus en plus à l'outsourcing – c'est-à-dire à l'externalisation des moyens de gestion du réseau. Les points de danger se multiplient à l'intérieur comme à l'extérieur de l'entreprise. « Dans la sécurité cyber, il faut faire preuve de philosophie, et disposer d'une certaine ouverture d'esprit », estime Guillaume Vassault-Houlière. De tempérament plutôt discret et réservé, ce trentenaire se décrit comme un hacker éthique. Voilà plus d'une vingtaine d'années qu'il s'amuse à pénétrer des systèmes réputés inaccessibles. Autrefois considéré comme un délinquant par les services de police et les états-majors des grands groupes, il est aujourd'hui vu comme le meilleur partenaire des entreprises pour tester la robustesse de la sécurité de leur infrastructure.

Guillaume Vassault-Houlière a également travaillé pour le ministère de l'Intérieur et le ministère de la Défense. Il a notamment formé les cybersoldats français aux techniques d'intrusion. Il a aussi contribué à la création de la plateforme de cyberentraînement militaire MALICE.

En une vingtaine d'années, Guillaume Vassault-Houlière a vu les mentalités évoluer au fur et à mesure que les menaces se transformaient. Le rapport de force avec l'ennemi n'est plus du tout le même : aujourd'hui, un homme seul peut faire autant de dégâts que dix chars de combat.

Les militaires s'en sont rendu compte. Pendant un temps, en Europe comme aux États-Unis, ils recrutaient parmi les jeunes hackers qu'ils parvenaient à prendre la main dans le sac. Ils leur laissaient le choix : un séjour en prison ou aider leur pays. Cette période-là est révolue. Les militaires se sont rendus à l'évidence : sous la contrainte, un hacker ne travaille pas aussi efficacement. Avec l'accroissement significatif de leurs besoins en cybersoldats, ils sont devenus très actifs dans les universités et écoles spécialisées où ils multiplient les opérations de charme.

C'est le cas à l'école 42, par exemple, l'établissement d'enseignement des sciences informatiques monté par Xavier Niel, le fondateur de Free, et Nicolas Sadirac, une figure du monde des hackers français. Plusieurs fois par an, Guillaume Vassault-Houlière y organise un HackPéro, moment convivial qui se déroule en fin d'après-midi. Des experts de haut vol viennent décortiquer des attaques informatiques complexes. On y parle virus et vol de données. Les entreprises et le service public sont également conviés à une forme de carrefour des métiers, pour attirer les jeunes vers leur filière. L'armée, sous toutes ses formes, occupe les trois quarts des stands aménagés dans le hall de l'école.

La meilleure illustration de cette évolution culturelle visible dans les sphères tant publiques que privées de la cyberdéfense se trouve probablement dans la popularité grandissante des Bug Bounty. Organisés des deux côtés de l'Atlantique, ces concours de hackers visent des cibles bien réelles : les réseaux d'entreprise ou d'administration, dont les propriétaires cherchent à identifier d'éventuelles failles de sécurité pour renforcer leur protection contre les menaces cyber. Son principe est d'une grande simplicité : une entreprise lance un défi à une communauté de hackers pour qu'ils pénètrent son système par tous les moyens possibles. Il ne s'agit évidemment pas de détruire ou de voler quoi que ce soit mais d'apporter la preuve que certains bugs dans l'architecture en question peuvent constituer un danger et favoriser une intrusion.

Les donneurs d'ordre ont des profils extrêmement variés, depuis l'OCCRP, le consortium international de journalistes d'investigation, jusqu'au site de contenus pornographiques YouPorn. Le vainqueur de ces tournois reçoit en général une récompense symbolique : un T-shirt, une petite somme d'argent. Et surtout, la reconnaissance et le respect de ses pairs.

En 2013, Guillaume Vassault-Houlière a lancé la plateforme YesWeHack, qui permet d'industrialiser cette pratique du Bug Bounty. Elle met en contact les organisations souhaitant faire évaluer l'efficacité de leur sécurité informatique avec la communauté de hackers expérimentés inscrits au service. Le premier a eu lieu en 2014 avec Qwant. La communauté comprend aujourd'hui plus de 6 000 hackers qui ont fait remonter plusieurs milliers de bugs depuis 2016. Les entreprises qui le souhaitent peuvent bien sûr ouvrir un challenge privé et donc confidentiel, pour éviter toute publicité. Un défi public recensera quatre fois plus de failles, mais certains acteurs préfèrent que leurs expériences restent dans l'ombre.

Guillaume Vassault-Houlière travaille notamment avec les constructeurs automobiles européens très demandeurs des services de la plateforme pour tester leurs projets de voiture connectée. Il se charge de recruter une quinzaine de hackers, choisis parmi les meilleurs de leur catégorie et les rassemble sur un site tenu secret, choisi en concertation avec le client. Sur place, le petit commando apporte tout le matériel nécessaire pour pousser à bout les prototypes pendant plusieurs jours.

Tirant les leçons de sa propre histoire et de l'attaque silencieuse dont elle a été victime pendant plusieurs années, Areva a poussé encore plus loin le concept, en internalisant son équipe de hackers spécialistes de la pénétration. Le concepteur de centrale nucléaire a créé sa propre *cyberwar room* : un bloc aux vitres teintées, au milieu d'un vaste *open space*, d'où opèrent les cyberattaquants. Et non loin de là se trouve un salon où sont installés les dirigeants pour prendre des décisions en temps réel en situation de crise simulée.

Les temps ont décidément bien changé. Ces tests de pénétration, publics ou confidentiels, sont aujourd'hui encouragés par les plus hautes instances. À la tête de l'ANSSI depuis 2014, Guillaume Poupard les voit de manière favorable à la différence de son prédécesseur, Patrick Pailloux, nettement moins ouvert sur la question. Et YesWeHack fait des émules. En décembre 2015 la plateforme Yogosha a été lancée dans le même esprit par deux entrepreneurs de la Tech française, Yassir Kazar et Fabrice Epelboin, qui ont levé 1,2 million d'euros fin 2017. On revient de loin sur le sujet. Lors de récentes élections, en France, des dizaines de hackers se faisaient encore interpeller pour avoir réussi à pénétrer les ordinateurs de partis politiques, démontrant ainsi leur vulnérabilité. « Les partis politiques travaillent avec des agences de communication qui ne sont vraiment pas expertes en sécurité », glisse Guillaume Vassault-Houlière.

Ce dispositif de *bug bounty* arrange finalement tout le monde. Il permet d'aider la communauté des hackers français à rester du bon côté de la force, le côté éthique. Les participants à ces concours sont récompensés par des points qui peuvent ensuite être mentionnés dans un CV. De leur côté, les organisations publiques ou privées peuvent y voir une bonne façon de régler l'enjeu délicat de la souveraineté. « Nous ne pouvons pas laisser les Américains opérer seuls ce type de plateformes où seront ensuite répertoriées toutes les vulnérabilités des entreprises et administrations européennes », souligne un expert. Car aujourd'hui, ni les Français ni les Européens ne boxent dans la même catégorie que les Américains sur ces sujets. Peu de temps après son arrivée à la Maison-Blanche, Donald Trump a décidé le recrutement de quelque 8 000 hackers éthiques supplémentaires pour renforcer la sécurité des acteurs nationaux. En 2012, les géants du Web ont lancé leur propre plateforme de *bug bounty*, baptisée Hacker One, dont le siège est installé à San Francisco. D'Airbnb à Uber, en passant par Qualcomm ou LinkedIn, la plupart des géants de la Tech américaine ont déjà confié leurs tests de pénétration à Hacker One. Son directeur technique et cofondateur est Alex Rice, précédemment responsable de la sécurité des produits chez Facebook, l'un des principaux financeurs du projet avec Microsoft ou encore Google. La plateforme compte aujourd'hui plus de 100 000 contributeurs et a réussi à lever 74 millions de dollars à la fin 2017, dont 14 millions avaient été redistribués sous forme de primes à la communauté de hackers.

Aussi honorables soient-elles, les initiatives européennes sont encore loin de faire le poids face au rouleau compresseur américain. Dans les milieux industriels et politiques, certains responsables appellent de leurs vœux la naissance d'un Airbus de la cybersécurité autour de groupes comme Thalès ou Idemia.

En France, le gouvernement et l'ANSSI encouragent toutes les initiatives permettant d'accompagner les quelques dizaines de start-up nationales qui commencent à émerger dans le domaine de la cybersécurité. Un petit monde dans lequel tous les protagonistes se connaissent. Mais qui manque encore de financements et d'experts pour transformer ces initiatives en une industrie solide, capable de tenir tête à des acteurs américains ou israéliens très déterminés.

CHAPITRE 6

OBJETS CONNECTÉS : LA PROCHAINE CATASTROPHE ANNONCÉE

« Il nous faudrait un plus grand bateau. »

Martin Brody – *Les Dents de mer*

À Shanghai ou à Pékin, traverser une rue lorsque le feu est rouge peut avoir des conséquences très embarrassantes pour le contrevenant. Celui-ci est immédiatement flashé par une caméra de surveillance et son portrait apparaîtra sur l'un des écrans publicitaires géants dominant le carrefour. Il va de soi que la séance d'humiliation publique s'accompagne d'une amende salée, adressée quasi instantanément au piéton indiscipliné. Car le dispositif de surveillance est équipé d'un système de reconnaissance faciale, comme la plupart des quelque 180 millions de caméras aujourd'hui déployées dans le pays. Certaines villes comme Pékin sont déjà couvertes à 100 %. La protection des données personnelles et de la vie privée est ici un concept très abstrait. Cette immense infrastructure de contrôle permet aux autorités de garder un œil en permanence sur la population du pays : près de 1,4 milliard d'habitants.

Les vidéos collectées sont stockées et consciencieusement auscultées par les services de police. Rien ne se perd : une fine analyse des images permet même d'attribuer à chacun une note évaluant son degré de civisme, une évaluation qui conditionne beaucoup de choses dans l'existence d'un citoyen chinois, notamment sa liberté de circuler : un citoyen mal noté peut se voir interdire de prendre le train ou l'avion.

En 2020, le territoire chinois devrait être équipé de 626 millions caméras de surveillance selon une étude de la société américaine d'information économique, IHS Markit. Et le gouvernement ne cache pas son ambition de propager globalement son modèle et sa technologie. Ses industriels, comme Huawei, dominent aujourd'hui les ventes de téléphones portables dans certaines parties du monde, en Afrique notamment. Le même acteur est également devenu dominant dans les équipements de réseaux de télécommunication. Mais le pays abrite aussi le leader planétaire du secteur de la télésurveillance, Hangzhou Hikvision Digital Technology, qui possédait, en 2017, près du quart du marché mondial. Fondée en 2001, l'entreprise emploie plus de 20 000 salariés dans le monde et connaît une croissance phénoménale depuis quelques années.

L'État chinois n'est pas étranger à cette ascension fulgurante. Il détient 42 % du capital de l'entreprise à laquelle il aurait versé environ 6 milliards de dollars, au cours des dernières années, sous forme de divers prêts et subventions, pour assurer son expansion internationale, mettre la main sur ses principaux concurrents et s'assurer le contrôle du marché mondial de la vidéosurveillance.

Et depuis une dizaine d'années, Hikvision accomplit dignement sa mission, au-delà de tout espoir. Aux États-Unis, ses caméras équipent la police de Memphis ou une base de l'armée dans le Missouri. Elles ont même trouvé leur place, pendant un temps, dans l'ambassade américaine à Kaboul. En Europe, le fabricant de Hangzhou s'est fait une réputation en plaçant ses produits dans l'infrastructure de surveillance de la Coupe du monde de football en Allemagne, en 2006. À la même époque, Aéroports de Paris a retenu ses produits pour équiper les sites d'Orly et de Roissy-Charles-de-Gaulle.

Mais c'est en Grande-Bretagne que le champion chinois de la vidéosurveillance a trouvé le meilleur accueil. Le fabricant y a trouvé des responsables politiques particulièrement sensibles à ses arguments de vente puisque le pays détenait encore, en 2018, le record planétaire en termes d'équipements, avec environ une caméra pour 14 habitants – mieux encore que la Chine. Hikvision y aurait placé 1,5 million de produits à ce jour, dont un quart serait installé dans des bâtiments publics, aéroports, stades, métro… la marque chinoise s'est implantée un peu partout outre-Manche, au point d'inquiéter la Government

Communications Headquarters (GCHQ), l'agence de renseignement électronique britannique.

C'est dans ce contexte que survient, en mars 2017, la publication des travaux de Montecrypto, pseudonyme d'un chercheur en cybersécurité. Dans son analyse publiée sur un forum spécialisé, celui-ci renforce une thèse qui animait la communauté des hackers depuis quelque temps. « Je voudrais confirmer qu'il existe une *back-door* sur la plupart des produits Hikvision, qui rend possible un accès complet au système d'administration du produit », écrit-il. En clair, une grosse faille dans le produit peut permettre à des hackers de prendre les commandes de l'appareil et, par exemple, de récupérer toutes les images qui y sont enregistrées. Un autre groupe pourrait profiter de cette vulnérabilité pour pirater ces millions de caméras et s'en servir comme d'un gigantesque botnet pour lancer des attaques informatiques de grande envergure.

Comme le veut la coutume, lorsqu'une vulnérabilité est découverte par un hacker éthique, Montecrypto laisse au groupe chinois un délai pour réagir : deux semaines pour se justifier, reconnaître les faits, expliquer pourquoi cette faille existe et quand elle sera réparée. « Je leur ai envoyé un e-mail. Si rien ne change, je publierai les détails, ainsi que le *firmware* qui désactive la *back-door.* » Montecrypto recommande alors vivement aux utilisateurs de produits Hikvision de les déconnecter d'Internet, pour éviter toute surprise désagréable. Selon lui, ces vulnérabilités existeraient en fait depuis 2014.

Montecrypto n'est pas le seul à s'inquiéter. La société canadienne de sécurité informatique Genetec fait signer à ses clients un document la dégageant de toute responsabilité si un matériel Hikvision est installé dans un dispositif. Son patron et fondateur, Pierre Racz, est particulièrement remonté. Selon lui, les services de renseignement chinois utilisent eux-mêmes cette vulnérabilité à des fins de cyberespionnage. « Ils sont parvenus à placer leurs équipements sur des infrastructures critiques pour renvoyer des informations en Chine », affirme cet expert mondialement reconnu.

En mai 2017, le Département américain de la Sécurité intérieure – la Homeland Security – a finalement réagi en publiant un avertissement sur une vulnérabilité présente dans certaines caméras Hikvision, estimant qu'elle rendait le produit facilement piratable.

De son côté, l'entreprise de Hangzhou a toujours fermement démenti les accusations portées contre ses produits. Il n'en reste pas moins que les caméras de surveillance connectées au réseau mondial – un marché en plein boom depuis quelques années – portent en elles de graves failles de sécurité. Au début de l'année 2018, Vladimir Dashchenko, chercheur pour la société Kaspersky Lab, a démontré comment il avait réussi à pirater une caméra intelligente de la marque Samsung. L'appareil ne peut fonctionner que s'il est connecté à Internet. L'ingénieur russe est parvenu à la désactiver et à la remplacer par un clone qui envoyait de fausses images à son utilisateur.

Le plus souvent dépourvus de toute protection logicielle et de mots de passe sécurisés, ces matériels constituent des proies faciles pour n'importe quel pirate informatique. Mais les caméras vidéo ne sont pas les seuls appareils à donner des sueurs froides aux spécialistes en cybersécurité. Les failles sont aujourd'hui présentes dans n'importe quels objets connectés disponibles sur le marché.

Imaginez un ordinateur connecté au réseau mondial sans aucune sécurité d'aucune sorte, et son utilisateur s'amusant à surfer sur le Web, téléchargeant divers fichiers – de la musique, de la vidéo, des documents... –, ouvrant, sans distinction, tous ses courriels et les pièces qui y sont attachées... Certains chercheurs ont fait l'expérience. Il n'a fallu que quelques jours pour rendre l'ordinateur totalement inutilisable.

Il en va de même pour toutes les machines qui peuvent aujourd'hui être reliées au réseau mondial. Certes, un thermostat, une caméra ou un réfrigérateur ne passent pas leurs journées à surfer sur le Web, mais tous ces appareils sont conçus pour obéir à des instructions, recevoir et envoyer des commandes.

Shodan est un moteur de recherche très particulier, conçu en 2009 par le jeune programmeur informatique suisse John Matherly. À la différence d'un Bing ou d'un Google, l'outil ne recense pas des pages Web mais des objets reliés au réseau mondial. Il renvoie des listes de toutes sortes de choses : des routeurs, des caméras, des ordinateurs, des saunas, des capteurs installés sur des sites industriels… chercheurs et pirates en sont fans, car Shodan – le nom fait référence à un personnage de jeu vidéo – renvoie une multitude d'informations sur l'appareil en question : sa localisation et sa marque par exemple, mais il indique aussi s'il est sécurisé ou non. Beaucoup de ces machines n'ont même pas de système d'authentification et quand elles en ont, leurs utilisateurs ne se donnent pas la peine de le personnaliser et gardent le réglage par défaut. Exemple : login : Admin ; mot de passe : 1234.

Cette grande négligence est utilisée par les inventeurs de Mirai, un malware qui a la particularité de traquer toutes les machines vulnérables dans le cyberespace. Il embarque une sorte de dictionnaire d'une soixantaine d'identifiants et mots de passe par défaut et tente de se connecter à des millions d'objets peu ou pas du tout protégés, se connecte et installe le programme malveillant sur la machine. Celle-ci devient alors une composante d'un vaste botnet, un réseau de machines infectées par le même code qui exécute sur commande la même action spécifique : il peut s'agir de relayer des campagnes de spam ou d'hameçonnage, de diffuser efficacement un virus et même, plus récemment, de miner de la cryptomonnaie. Ces botnets peuvent aussi servir à lancer des attaques de déni de service, opération consistant à bombarder un site Web de requêtes pour le mettre hors d'état de marche. Les hackers utilisaient autrefois les ordinateurs pour constituer leurs réseaux d'attaque. Avec les objets connectés, ils ont accès à une ressource colossale, nettement moins bien protégée, et encore plus abondante. « Ce type d'attaques déferle comme un véritable tsunami », observe Vincent Lavergne, consultant de la firme de cybersécurité américaine F5.

L'attaque est difficilement décelable car la machine continue de fonctionner. Son utilisateur aura juste une désagréable impression de lenteur en la manipulant : un objet piraté consomme évidemment beaucoup plus de bande passante sur le réseau. Mirai et les botnets d'objets connectés ont fait beaucoup de dégâts ces dernières années car le code source du malware a été publié sur des forums de hackers, inspirant d'autres groupes de hackers. Et pour amplifier le mouvement, ces botnets sont aujourd'hui proposés à la location à des prix avantageux sur le darknet. Plusieurs attaques d'envergure utilisant Mirai ont été menées au cours des dernières années.

La plus spectaculaire est intervenue le vendredi 21 octobre 2016 et visait la société américaine de services Dyn, gérant les noms de domaine de quelques géants de l'Internet. En quelques minutes, les serveurs de l'entreprise ont été submergés par des montagnes de données adressées par des centaines de milliers de caméras connectées piratées. Les sites de Netflix, Twitter ou Airbnb, clients de Dyn, sont restés inaccessibles durant plusieurs heures, ce jour-là. La petite entreprise ne s'est pas remise de cette attaque massive. Quelques mois plus tard, elle se vendait au géant californien des bases de données, Oracle.

« Les objets connectés ont un niveau de sécurité des années 80. » La plupart des spécialistes en cybersécurité partagent l'avis de Guillaume Vassault-Houlière. Les chiffres varient selon les études : entre 20 et 50 milliards de ces engins faillibles seront utilisés dans le monde en 2020. La cause de cette immense vulnérabilité est à la fois une affaire de culture et de business. Les start-up qui lancent ces nouveaux produits connectés n'ont pas la sécurité dans leurs gènes. Elles la voient, au contraire, comme un frein à leur développement. Toutes ont l'obsession du *time to market.* La prime au vainqueur est énorme. « Pour rester en tête il faut aller vite, et si on n'est plus leader, on n'est plus invité au CES de Las Vegas », le grand rendez-vous de la Tech mondiale, explique Guillaume Poupard, le patron de l'Agence nationale de la sécurité des systèmes d'information (ANSSI).

Difficile, aujourd'hui, de trouver un appareil quelconque qui ne contienne pas un bout de code informatique. Dès qu'il y a du code, il y a une vulnérabilité, qui est d'autant plus exploitable aujourd'hui que ces mêmes appareils dialoguent en permanence avec les réseaux, *via* les ondes. Un bon vieux câble est nettement plus difficile à hacker discrètement que ces nouveaux outils de communication sans fil.

Des frigos aux véhicules connectés, cette nouvelle famille de matériel électronique semble se développer dans la plus totale anarchie. À la différence des ordinateurs, qui sont pratiquement tous équipés du même système d'exploitation Windows, de Microsoft, l'Internet des objets intègre une multitude de programmes. Il n'existe aucune spécification et les fabricants sont évidemment très avares de documentation sur leurs produits, puisque rien ne les contraint. La plupart des objets connectés aujourd'hui disponibles dans le commerce sont équipés de logiciels datant de plusieurs années, et totalement dépourvus de sécurité.

L'affaire est sensible et complexe : les Français, les Allemands ou les Coréens du Sud ne veulent pas entendre parler d'un algorithme conçu par les Américains pour l'Internet des objets. Les nouvelles normes de radiofréquence se développent à grande vitesse, mais chacun avance dans son coin. Pour compliquer la tâche des pirates, il faudrait au moins que la sécurité soit intégrée dès la conception de ces objets. On est encore très loin du compte, comme le prouvent les travaux et les stupéfiantes révélations des hackers éthiques.

Renaud Lifchitz est une célébrité de la communauté de la cybersécurité en France. Il a notamment connu son heure de gloire en avril 2012, lors de la conférence annuelle Hackito Ergo Sum, qui se tenait dans le quartier des Halles, à Paris. Devant quelques dizaines de spécialistes, il a dénoncé la faiblesse de la sécurité instaurée par les géants Visa ou Mastercard pour leur système de paiement sans contact, fondé sur la technologie NFC (Near Field Communication). Et preuve à l'appui, il s'est mis à pirater sa propre carte de crédit avec une étonnante facilité. Matériel nécessaire : un ordinateur portable, dans lequel on prendra soin de glisser une clé USB sans contact, disponible à la vente sur Internet pour une quarantaine d'euros. Un petit programme, téléchargeable gratuitement, doit également être installé sur le PC. Il suffit ensuite de glisser le tout dans un sac à dos et se balader dans le métro aux heures de pointe. Le petit dispositif permet d'absorber toutes les données disponibles sur les cartes de paiement sans contact aux alentours : nom du porteur, le numéro de la carte, sa date d'expiration, ainsi que le détail des vingt dernières transactions. Plus qu'il n'en faut pour permettre à un pirate de faire ses emplettes sur Internet. Seule condition pour notre pirate équipé de son sac à dos : se tenir à cinq centimètres au maximum de sa cible – ce qui n'est pas une contrainte intenable dans les transports publics parisiens aux heures de forte affluence. Les ochlophobes préféreront investir 2 000 à 3 000 euros dans des amplificateurs et des antennes, leur permettant de capter ces précieuses informations dans un rayon de quinze mètres.

Grâce à ces révélations – qui ont malheureusement valu à son auteur quelques tracas judicaires – les nouvelles générations de cartes bancaires sans contact ont été sécurisées et leurs utilisateurs ne sont plus obligés de se balader en protégeant les précieux rectangles de plastique dans un étui en aluminium. Mais Renaud Lifchitz n'a pas cessé pour autant de faire parler de lui. Désormais consultant pour Digital Security, une filiale du groupe Econocom, il demeure un spécialiste des tests de pénétration et des audits de sécurité, passionné par la théorie des nombres et la cryptologie. Et l'essentiel de son attention se porte à présent sur les objets connectés, le prochain cyber-cataclysme annoncé. En 2015, il a fondé, au sein de Digital Security, le tout premier CERT au monde, baptisé UBIK, consacré à la sécurité des objets. Un CERT – ou Computer Emergency Response Team – est un réseau d'alerte planétaire composé d'experts dans une thématique donnée et dont la vocation est d'échanger de l'information confidentielle sur l'évolution de la menace et de réagir efficacement en cas d'attaque.

Comme d'autres se fascinent pour le bruit du vent dans les feuilles de peuplier, Renaud Lifchitz se passionne pour le « langage parlé des ondes ». Il mène ses travaux de recherche avec une équipe d'ingénieurs installée dans un laboratoire ultra-sécurisé situé dans l'Est parisien, non loin de la gare de Lyon. La pièce où sont menées les expérimentations est coupée du monde extérieur : des filtres aluminisés recouvrent les fenêtres pour éviter toute perturbation du voisinage par les ondes. Tous les tests sont menés à l'intérieur de grosses boîtes faradisées, pour empêcher toute interaction avec l'extérieur. Les chercheurs y placent l'objet à étudier ainsi que les outils d'attaque servant à éprouver le système de sécurité logiciel et matériel de la cible. La manœuvre nécessite beaucoup de précision et de dextérité. Tous les composants de la machine sont décortiqués et le logiciel est extrait pour une opération méticuleuse d'ingénierie inversée au cours de laquelle ces experts cherchent à comprendre comment le code a été conçu, comment l'objet communique avec l'extérieur…

Des engins de toutes sortes sont martyrisés entre ces murs : téléphones, drones, box d'opérateurs télécom, ampoules connectées… Tout y passe. Et les résultats obtenus par les spécialistes de Digital Security sont effrayants.

La formulation de l'avertissement varie selon les fabricants mais la signification reste la même. Elle peut se résumer ainsi : lorsque vous êtes dans votre salon, tranquillement installé devant votre téléviseur, en famille ou entre amis, évitez de dire des choses importantes. Contentez-vous d'échanges futiles sur la météo ou le temps qui passe. Mieux : gardez le silence. Car la télécommande posée innocemment sur la table basse ne rate pas un mot de vos conversations. Son micro intégré pour la reconnaissance vocale envoie le flux de paroles vers des tierces parties, des serveurs, situés quelque part en Chine ou en Corée du Sud pour alimenter de gigantesques bases de données où il sera analysé pour perfectionner cette technologie prometteuse. Ainsi se développe l'intelligence artificielle appliquée à la reconnaissance vocale. Les nouvelles enceintes intelligentes connectées – aussi appelées assistants connectés – Echo d'Amazon ou Google Home remplissent les mêmes offices. Le problème, c'est que ces conversations peuvent aussi être interceptées par d'autres tiers, mal intentionnés.

Les nouvelles générations de modèles de téléviseur, très smart et forcément connectés au réseau, sont déjà la cible d'attaques de pirates. Beaucoup doivent leur intelligence au système d'exploitation Android, un programme spécialement conçu pour les appareils mobiles, développé par les équipes de Google, en association avec des milliers d'experts dans le monde. Et c'est bien dans ce système de collaboration que se trouve le danger : Android est un système ouvert, ce qui signifie que les fabricants ne sont pas obligés d'adopter les mises à jour poussées par la firme américaine, y compris celles renforçant la sécurité.

C'est en utilisant les vulnérabilités présentes dans ce programme que les hackers parviennent à installer des ransomwares, lorsque l'utilisateur télécharge une application ou branche une clé USB sur la télé. Les premiers spécimens apparus en 2015 ne cryptent pas les données qui peuvent éventuellement être stockées sur le téléviseur et se contentent de figer l'écran jusqu'à paiement d'une rançon en cryptomonnaie équivalente à 500 dollars.

Grande est l'imagination des pirates informatiques. Et la prolifération des objets connectés dans les maisons leur offre l'infinité des possibles. Après les box d'opérateurs télécom et les smart TV, les thermostats connectés constituent une autre porte d'entrée intéressante. Il faut s'imaginer par une froide soirée d'hiver, la neige commence à tomber et la température dans la maison aussi ! Impossible d'agir sur le système contrôle, votre chaudière vient d'être hackée, ou plutôt le thermostat intelligent, si pratique, qui permet de régler à distance toute l'ambiance du foyer. Un pirate, situé à des centaines de kilomètres de la maison, vient d'en prendre les commandes et vous laisse un message personnel sur l'écran du thermostat. Pour reprendre possession de votre chaudière et retrouver la chaleur, il faudra payer 2 Bitcoins. Deux chercheurs britanniques ont démontré qu'une telle attaque était parfaitement envisageable.

Dans le même ordre d'idées, une vulnérabilité a été découverte, en 2014, dans certains réfrigérateurs connectés qui séduisent de plus en plus de consommateurs. Ceux-ci ne voient pourtant que des avantages dans ces nouveaux types de garde-manger qui font office de superintendant à domicile, préparant la liste des courses, prévenant des aliments périmés, proposant de nouvelles recettes en fonction des goûts et humeurs des membres du foyer. La face sombre des frigos intelligents, c'est qu'ils parlent… Et que leurs faibles systèmes de protection permettent aux hackers d'accéder facilement au calendrier Google de l'utilisateur affiché sur l'écran tactile de l'engin, d'en consulter les informations et éventuellement de récupérer les identifiants et mots de passe du propriétaire.

Aucune pièce de la maison n'est à l'abri. La chambre des enfants est particulièrement vulnérable. Les parents ne pensent évidemment pas à mal en offrant à leurs bambins l'une de ces poupées qui parlent… mais qui écoutent aussi, attentivement. Un peu trop pour les autorités allemandes qui ont interdit la commercialisation de « My Friend Cayla », la poupée à laquelle tu peux parler comme à une amie. De l'autre côté du Rhin, le jouet est considéré comme « un dispositif de transmission caché ». En d'autres termes, il peut servir de système d'écoutes et être facilement piraté à distance par des personnes mal intentionnées.

On n'arrête décidément pas le progrès… Il n'y a pas que les frigos ou les jouets qui se mettent à communiquer à tout va. Le géant suédois de l'ameublement, Ikea, a conçu des ampoules connectées qui obéissent au doigt et à l'œil à une télécommande, répondant au doux nom de Tradfri et vendues 12,90 euros en magasin. La connexion se fait en Bluetooth. YouTube regorge aujourd'hui de courtes vidéos de jeunes hackers montrant comme il est facile de pirater ce système d'éclairage connecté. Pire, en 2016, des chercheurs du Weizmann Institute of Science, en Israël, et de la Dalhousie University, au Canada, ont prouvé qu'il était possible de prendre le contrôle d'ampoules connectées conçues par Philips, à 400 mètres de distance. But de la manœuvre : semer la pagaille dans une ville très connectée ou intégrer les ampoules dans une armée de bots, pour lancer une attaque de type Mirai.

L'attaque peut paraître bien anodine en comparaison de ce qui nous attend à l'heure de la célébration des smart buildings et autres smart cities. Tout devient intelligent de nos jours, tout se connecte… et tout se pirate.

Christoph Brandstatter en a fait l'expérience durant l'hiver 2017. Son hôtel quatre étoiles installé sur les rives du lac Turracher, dans les Alpes autrichiennes, est l'un des plus prisés de la région avec son charme si romantique, sa vue imprenable sur les sommets neigeux, ses deux piscines, intérieure et extérieure… L'établissement a été attaqué quatre fois par un ransomware en l'espace de quelques mois. En ouvrant un faux mail de Telekom Austria contenant une fausse facture en pièce jointe, les employés répandaient un malware dans le système qui bloquait toutes les portes des chambres de l'établissement. Chaque fois, Christoph Brandstatter a dû verser une rançon de plus de 1 000 euros en Bitcoins pour que ses clients puissent regagner leurs pénates. L'hôtelier autrichien a finalement décidé de revenir aux bonnes vieilles clés en métal.

Avec l'avènement de la ville connectée, le terrain de jeu des pirates devient sans limites. Le vendredi 7 avril

2017, dans la soirée, un vent de panique a soufflé sur la cité de Dallas, au Texas. À 23 h 40, les 156 sirènes de la ville se sont mises en marche simultanément de manière totalement incompréhensible. Ces alarmes servent habituellement à prévenir d'un risque élevé de tornade ou autre phénomène météorologique menaçant. Un ciel clair recouvrait la région et aucune pluie n'était annoncée pour les vingt-quatre prochaines heures. Les habitants inquiets ont fait la chose qui leur semblait la plus naturelle : ils ont pris leur téléphone pour contacter les services de secours qui se sont rapidement retrouvés submergés et inopérants.

Les 156 sirènes hurlantes se sont finalement tues à 1 h 20 du matin. Mais les services spécialisés de la ville ne sont parvenus à cesser le vacarme qu'en désactivant le système de sécurité municipal dans sa totalité. Une protection qui n'a pu être rétablie que le lendemain quand la cause du problème a pu être traitée. Une rapide enquête du FBI a pu déterminer que la ville de Dallas avait été hackée et que le pirate avait probablement agi depuis les environs en utilisant un équipement radio répliquant le code qui déclenche l'alarme générale. Les motivations de l'auteur de l'attaque demeurent évidemment imprécises. Il peut s'agir d'un acte de vandalisme aussi bien que d'une répétition générale et grandeur nature d'une opération beaucoup plus large dont le préalable serait de réussir à désactiver les systèmes de sécurité d'une ville de plus d'un million d'habitants comme Dallas.

Les nouveaux compteurs d'eau ou d'électricité intelligents qui commencent à équiper nos logements depuis quelques années constituent également une formidable aubaine pour les pirates. Au printemps 2017, Adam Flanagan, alors âgé de quarante-deux ans, a été condamné à un an de prison pour avoir mis hors d'usage les compteurs d'eau intelligents dans plusieurs villes de Pennsylvanie. L'ingénieur voulait se venger d'avoir été licencié en 2013 par son employeur, un fabricant de tours radios utilisées par les distributeurs d'eau pour collecter les données sur la consommation de leurs abonnés. À plusieurs reprises, après une soirée bien arrosée, Flanagan se connectait à distance aux différentes tours et remplaçait leur mot de passe par défaut par un très élégant « fuckyou ». Ses attaques avaient pour principale conséquence une perte de données, et donc, une impossibilité pour les distributeurs de facturer leurs clients. Ce qui peut paraître comme une bonne nouvelle à court terme pour le consommateur peut s'avérer désastreux dans la durée comme l'ont notamment démontré un groupe de chercheurs espagnols.

En octobre 2014, lors de la conférence de hackers Black Hat qui se tenait à Amsterdam, Javier Vasquez et Alberto Garcia ont détaillé les résultats de plusieurs mois de recherche sur des compteurs électriques connectés. Très présents en Espagne, ces terminaux sont semblables aux fameux terminaux Linky déployés en France par ERDF et qui soulèvent la polémique auprès de leurs utilisateurs, inquiets de la masse de données collectées en temps réel sur les habitudes du foyer. Mais ce n'est pas sur des questions de protection de la vie privée que se sont attardés les deux spécialistes.

Sur le papier, ces machines sont censées être parfaitement protégées. Les flux d'informations sont cryptés et dans le cas où un petit malin s'amuserait à ouvrir le boîtier, le compteur se bloquerait automatiquement et resterait fermé jusqu'à l'intervention sur place d'un technicien. En réalité, ces mesures de précaution peuvent parfaitement être contournées par un groupe de pirates motivés et déterminés. Javier Vasquez et Alberto Garcia ont donc prouvé qu'il n'était pas si compliqué de prendre le contrôle de l'un de ces compteurs d'électricité intelligents, sans que l'opérateur soit alerté. Une fois l'opération de pénétration réussie, ils ont l'embarras du choix. Le plus simple, et le plus évident, est d'envoyer des rapports de consommation falsifiés pour réduire sa facture d'électricité. Et comme tous ces compteurs sont connectés au même réseau, il est même possible de se connecter à celui du voisin du dessus qui fait la bringue tous les soirs et refuse d'entendre vos doléances. Et hop ! Voilà la facture du voisin qui grimpe en flèche sans explication et sans que celui-ci puisse porter de réclamation valable. Sauf à démontrer que son compteur a été piraté à distance…

Mais des pirates peuvent se montrer bien plus ambitieux et nettement plus nuisibles. Ils peuvent hacker un ensemble de compteurs et provoquer une panne générale dans un quartier ou une ville. Ils peuvent aussi mener une opération plus sournoise et dévastatrice à terme. Les deux chercheurs espagnols ont ainsi simulé le piratage simultané de quelque 300 000 compteurs d'électricité et montré ce qui se produirait si la consommation de ces machines était artificiellement ramenée à zéro. La conséquence inéluctable serait un black-out total dans la région, car l'une des principales fonctionnalités de ces compteurs de nouvelle génération est de faire remonter un maximum d'informations vers l'opérateur pour que ce dernier puisse calculer et anticiper au mieux sa production d'électricité. Si les données qu'il reçoit sont faussées et indiquent que la consommation est en baisse alors que la demande reste forte, son infrastructure ne résistera pas bien longtemps.

Comment peut-on imaginer une ville intelligente et connectée sans y voir un trafic routier tranquille et fluide ? Depuis plusieurs années, les grandes métropoles en France, aux États-Unis, en Grande-Bretagne ou en Chine se sont équipées de systèmes de contrôle de la circulation sophistiqués permettant avec plus ou moins de bonheur de faciliter le transport dans les rues du centre-ville. Ces plateformes de supervision fonctionnent grâce à des milliers de capteurs incorporés dans la chaussée, qui lui renvoient par les ondes en temps réel des informations très précises sur l'état du trafic et permettent d'ajuster le fonctionnement des feux tricolores en conséquence. Ces petits capteurs sont précisément le maillon faible sur lequel s'est appuyé Cesar Cerrudo, un chercheur argentin spécialiste en cybersécurité.

Presque démunis de toute sécurité, ces objets connectés peuvent être facilement piratés et détournés de leur mission originelle. Ils peuvent évidemment envoyer des informations erronées qui entraîneront une véritable pagaille dans les rues, comme dans les meilleurs films d'action américains. Mais ils peuvent aussi composer un vaste botnet et être utilisé par des groupes de hackers pour mener des cyberattaques de grande envergure.

Ces capteurs installés dans les chaussées des villes ou dans les parkings ont également des capacités de mise à jour. Là encore, si leur sécurité n'a pas été correctement prévue, n'importe qui peut reprogrammer l'objet et s'en servir pour des opérations d'espionnage, observe le chercheur Renaud Lifchitz de Digital Security.

Dans cet univers impitoyable de l'Internet des objets, la voiture constitue probablement la chose connectée la plus fantasmée, tant par les pirates que par les constructeurs et les consommateurs. Les voitures connectées sont aujourd'hui bardées de capteurs dont la mission consiste à transmettre des paquets d'informations sur l'état du véhicule à un data center qui analyse automatiquement ces données et détecte les signaux faibles pour prévoir une visite au garage. L'automobile intelligente facilite la vie du conducteur. Jusqu'au jour où tout vire au cauchemar.

Craig Smith est un spécialiste en rétro-ingénierie et un lanceur d'alerte très engagé au travers de l'association communautaire I Am the Cavalry, qu'il a cofondée en août 2013, lors de la Def Con de Las Vegas. Son objectif : « S'assurer que les technologies ayant le potentiel d'impacter la sécurité publique et la vie humaine sont dignes de notre confiance. » Vigie de l'évolution de nos modes de vie digitaux, l'organisation s'engage à accomplir sa mission par tous les moyens, et de manière indépendante à travers l'éducation, la promotion, la publication de recherches…

En mars 2016, Craig Smith a ainsi publié un étonnant petit livre de 300 pages : *The Car Hackers Handbook* – le manuel des hackers de voitures –, un guide pour les testeurs de pénétration. « Les voitures modernes sont de plus en plus informatisées. Divertissement, systèmes de navigation, WiFi, mise à jour automatique de logiciel et autres innovations visent à simplifier la conduite. Mais la technologie des véhicules ne s'est pas adaptée à l'actuel environnement de sécurité hostile, laissant des millions de voitures vulnérables aux attaques. » Dans son livre disponible sur Amazon, il décrit ces innombrables failles et les moyens de les exploiter pour pousser les fabricants automobiles à mieux concevoir leurs voitures connectées.

Quelques mois plus tôt, le journaliste américain Adam Greenberg a contraint le groupe Fiat Chrysler à rappeler 1,4 million de véhicules, après avoir démontré qu'une voiture pouvait être piratée à distance. Installés à une vingtaine de kilomètres du véhicule qu'il conduisait, deux hackers avec lesquels il s'était entendu ont déclenché les essuie-glaces, changé les stations de radio, joué avec le système de climatisation et pris le contrôle de l'accélérateur avant de stopper l'expérience sous les supplications du journaliste terrifié.

Il est devenu presque impossible aux constructeurs automobiles de fuir leurs responsabilités devant la catastrophe annoncée. L'industrie commence donc à jouer le jeu avec les hackers. Le fabricant californien Tesla travaille avec eux, main dans la main, depuis ses débuts, organisant régulièrement des concours invitant à tester la sécurité de ses voitures.

Les automobiles sont aujourd'hui bardées d'électronique et d'informatique. Les connectivités se sont multipliées et, avec elles, les risques d'être piraté à distance. En théorie, toute voiture mise sur le marché après 2008 peut être hackée. Et les choses ne vont certainement pas s'arrêter avec l'avènement prochain de la voiture autonome. Selon la plupart des études, les trois quarts des vols de voiture en Europe ont lieu sans effraction physique. Les malfaiteurs ont désormais recours au piratage informatique, plus simple, plus fiable, net et sans bavure…

L'ouverture centralisée des portes a changé la vie des conducteurs, dispensés désormais du petit tour rituel autour du véhicule pour vérifier que chaque portière est bien verrouillée. Un vrai progrès sociologique, dont bénéficient également les voleurs. Le RFToy est un petit gadget en vente pour quelques dizaines d'euros sur Internet. Très pratique, il aide à mettre au point des systèmes sans fil. Il agit en réalité comme un petit dictaphone, mais au lieu d'enregistrer les voix, il enregistre les ondes radio, et notamment celles émises par la mini-télécommande pilotant l'ouverture et la fermeture des portes d'un véhicule. Ces ondes-là ne sont généralement pas cryptées. Le RFToy permet d'enregistrer le signal pour pouvoir ensuite le reproduire et entrer dans la voiture sans effraction. Le pirate peut alors se connecter à la prise ODB, la même qu'utilise le garagiste pour faire le diagnostic électronique de l'état du véhicule. Avec son ordinateur portable, en quelques secondes, il peut reprogrammer la carte de démarrage, et le tour est joué !

La manœuvre est un peu plus compliquée sur les voitures haut de gamme, où le signal envoyé par la clé change de manière aléatoire. Il faut alors se trouver avec un brouilleur d'ondes, à côté du propriétaire lorsque celui-ci ferme les portes, pour faire en sorte que celles-ci ne se verrouillent pas.

Sur les modèles de voitures haut de gamme plus récents, les propriétaires n'utilisent plus de clé physique, mais une carte, appelée aussi clé mains libres, qui émet un signal pour ouvrir ou fermer les portes, mais aussi pour démarrer. En novembre 2017, la police de Birmingham, en Angleterre, a mis en ligne une vidéo montrant le vol électronique d'une Mercedes, garée devant le domicile de son propriétaire. Les deux hackers agissent de nuit et sont chacun équipés d'un système électronique. L'un d'entre eux brandit un récepteur et cherche à capter le signal émis par la clé à l'intérieur de la maison, qu'il envoie ensuite à son comparse qui se tient à proximité de la voiture avec un boîtier qui transmet le signal à l'ordinateur de bord. Les portières s'ouvrent et le moteur démarre, comme par miracle. L'opération a duré moins d'une minute.

La mise sur le marché d'appareils de plus en plus intelligents, de plus en plus communicants, constitue un véritable casse-tête pour les propriétaires autant que pour les compagnies d'assurance. Et leurs soucis ne s'arrêtent pas à la voiture. Tout comme le secteur de l'automobile, le domaine de la santé connectée peut être considéré comme une bonne nouvelle pour le business. Les montagnes de données collectées vont permettre de mieux ajuster les contrats d'assurance, en fonction des distances parcourues par les automobilistes, mais aussi leur style de conduite. Les bons conducteurs pourront être récompensés et les chauffards sanctionnés.

Il en va de même pour la santé. Capteurs d'activité et vêtements intelligents ou autres objets connectés permettent de récupérer beaucoup d'informations sur leurs propriétaires et d'envoyer des instructions à ces petites machines intelligentes. Le tout à travers les airs, avec des systèmes de sécurité plus ou moins fiables.

C'est le revers de la médaille. Le très prometteur univers de la santé connectée dans lequel s'engouffrent tous les géants américains de l'industrie high-tech, les Facebook et Google mais aussi Microsoft et IBM, peut devenir cauchemardesque, si l'on laisse libre cours à l'imagination des hackers. Jay Radcliff, expert en cybersécurité dans le domaine médical, s'est ainsi rendu célèbre lors de la conférence de hackers Def Con à Las Vegas en démontrant les vulnérabilités dans la pompe à insuline intelligente qu'il utilisait. Lui-même est atteint du diabète. Devant ses pairs, il a démontré qu'en piratant le réseau de communication sans fil de l'appareil, il était possible de diffuser une dose d'insuline létale à son utilisateur.

Marie Moe est une informaticienne norvégienne diplômée en sécurité de l'information. C'est une chercheuse et une patiente. Ainsi commence-t-elle ses conférences, qu'elle donne depuis plusieurs années, un peu partout à travers le monde. Chaque pulsation de son cœur est produite par un pacemaker. Le petit appareil médical a été implanté il y a quelques années, en urgence, après un malaise cardiaque. Et depuis, Marie Moe, en bonne experte des questions de cybersécurité, se pose cette angoissante question : des hackers peuvent-ils briser mon cœur ? En consultant la notice du fabricant, elle a compris que deux objets avaient en réalité été greffés sous sa peau : l'un permettant au cardiologue de réguler le rythme cardiaque, l'autre permettant d'envoyer des informations *via* Internet. Tout d'un coup, l'experte en cybersécurité découvrait que son cœur faisait partie de l'Internet des objets. Ne pouvant accéder au code du pacemaker, Marie Moe était condamnée à rester dans l'incertitude totale.

Car ni ses médecins ni le fabricant du pacemaker n'ont pu la rassurer complètement sur le sujet. Alors, la jeune chercheuse s'est lancée dans un ambitieux projet : inciter tous les hackers éthiques à casser le code de ces machines connectées pour mieux en découvrir les vulnérabilités, les rendre publiques et contraindre les fabricants à renforcer la sécurité de leurs produits.

Dès 2008, le professeur Kevin Fu, spécialiste en question de sécurité informatique, avait démontré les failles potentielles dans ces appareils. Mais en 2010, le célèbre chercheur néozélandais Barnaby Jack, porte-drapeau du mouvement des hackers éthiques, avait démontré qu'il pouvait pirater un pacemaker avec un ordinateur portable en se trouvant à quinze mètres de distance.

En 2013, lors d'une interview à la chaîne de télévision CBS, Dick Cheney a confié qu'il avait dû faire désactiver la fonction communicante de son pacemaker, lorsqu'il était vice-président des

États-Unis, entre 2001 et 2009. Les services secrets américains redoutaient une attaque terroriste à distance.

L'année 2017 fut catastrophique pour la marine militaire américaine. À la fin du mois de janvier, le croiseur lance-missiles *USS Antietam* s'échoue non loin de la base navale américaine de Yokosuka, à l'entrée de la baie de Tokyo. L'échouage a eu lieu après une série d'incidents à bord. Des centaines de litres de fluides hydrauliques se sont déversés dans la mer du Japon. Un mois plus tard, le capitaine du navire, Joseph Carrigan, sera mis à pied, accusé de ne pas avoir su apprécier la situation.

Le 9 mai, à 11 h 50 du matin, le croiseur *USS Lake Champlain* entre en collision avec un chalutier sud-coréen, dans les eaux internationales, à l'est de la péninsule coréenne. La visibilité est réduite au moment de l'accident. Selon la version officielle de l'US Navy, la radio et le système GPS du bateau de pêche sont tombés en panne. Aucune victime n'est à déplorer.

Le 17 juin, au petit matin, le destroyer *USS Fitzgerald* entre en collision avec un porte-container philippin non loin de la base de Yokosuka. Sept marins sont tués et plusieurs autres grièvement blessés lors de l'accident. Le 21 août le destroyer *USS John McCain* est embouti par un Tanker, au large des côtes de Singapour. Dix militaires trouvent la mort et cinq autres sont blessés. Les officiers supérieurs des deux navires de guerre ont été relevés de leurs fonctions. Dans les deux cas, leur hiérarchie leur a reproché de ne pas avoir su interpréter les informations communiquées par les instruments de bord. Après le deuxième accident, le vice-amiral Joseph Aucoin, commandant de la VIIe flotte de l'US Navy basée à Yokosuka, sera également invité à prendre sa retraite.

Cette série de collisions impliquant des navires de guerre américains dans une zone géographique très sensible a évidemment attiré l'attention des chercheurs en cybersécurité. Difficile de croire que la négligence et l'incompétence des équipages puissent être les uniques causes de ces accidents à répétition. Au même moment, la tension était à son comble dans la région, tant vis-à-vis de la Corée du Nord que de la Chine, deux nations dotées d'importants moyens de cyberguerre.

L'attaque informatique sur les systèmes américains n'a pas pu être prouvée mais plusieurs experts estiment que des hackers pourraient être à l'origine de cette improbable série de catastrophes. Parmi eux Stephan Gerling, consultant du Rosen Group, un bureau d'études américain spécialisé dans les activités off-shore. Ancien de l'armée allemande, salarié d'entreprises du secteur parapétrolier pendant dix-sept ans, ce spécialiste des systèmes de navigation est persuadé que l'US Navy a été victime d'une attaque de grande ampleur. L'homme sait de quoi il parle : il a démontré qu'il était capable de détourner des yachts de luxe sans que l'équipage soit alerté. Ces nouveaux palaces flottants pour milliardaires sont évidemment dotés de tout le confort moderne : système de navigation de haute précision, géolocalisation par satellite, connexions Internet rapides, objets connectés en tout genre... Bien sûr, l'ensemble de ces appareils sont connectés au même réseau. Un rêve pour n'importe quel hacker. Même si le navire n'est pas connecté à Internet, le pirate peut agir en brouillant son GPS, qui le positionne par satellite ou son Système d'identification automatique (SIA), un échange de messages automatisé entre les navires, *via* radio VHF, et qui permet de donner en permanence l'identité, la position ou encore la route du bateau.

La découverte de Stephan Gerling sur la vulnérabilité des yachts de nouvelle génération vient confirmer les travaux effectués il y a quelques années par un groupe de jeunes chercheurs de l'université du Texas, à Austin. En 2013, le professeur Todd Humphreys et ses étudiants du département d'ingénierie aérospatiale et d'ingénierie mécanique ont réussi à détourner un yacht de 65 mètres de long, le *White Rose of Drachs*, un superbe navire estimé à quelque 80 millions de dollars. Avec l'accord de son propriétaire, le magnat de l'immobilier britannique Michael Evans, ils ont envoyé de faux signaux de localisation GPS avec un simple ordinateur portable et un boîtier conçu pour l'occasion. Le navire qui faisait la liaison entre Monaco et l'île de Rhodes a lentement dévié de sa route sans que l'équipage s'en rende compte. Les recherches des étudiants texans ont sans doute été source d'inspiration pour quelques-uns, en mer du Japon.

CHAPITRE 7

LES PAPES DE LA CYBERSÉCURITÉ

> « Je suis numéro un dans votre liste de numéros abrégés, juste à côté de celui de votre dealer. »
>
> Saul Goodman – *Better Call Saul*

Chaque année, quand vient l'automne, le petit monde de la cybersécurité migre vers le sud. Durant quatre jours, le Grimaldi Forum de Monaco et les rues environnantes sont investis par le gotha du secteur : chercheurs, policiers, dirigeants du CAC 40, hackers, militaires, agents secrets, journalistes… tous les acteurs et observateurs de cet univers très sensible se retrouvent pour faire le point sur l'état des menaces, les ravages provoqués par les dernières attaques, les nouveaux coups tordus des pirates, et les meilleures façons d'y remédier. Le rendez-vous est devenu incontournable pour les industriels.

Lancée en 2001 par le truculent Gérard Rio, la conférence n'était au départ qu'une simple réunion de spécialistes rassemblant quelques dizaines de personnes passionnées par le sujet. Les Assises de la Sécurité attirent chaque année des milliers de professionnels, des dizaines d'exposants. Chaque soir, un dîner de gala est organisé dans l'un des palaces de la principauté, sponsorisé par l'un des grands noms du secteur et ouvert à tous les participants.

Un peu plus tard, au milieu de l'hiver, c'est dans le Nord que cela se passe. À la fin du mois de janvier, la gendarmerie nationale investit pendant plusieurs jours le vaste complexe de Lille Grand Palais pour son Forum international de la cybersécurité (FIC). En 2018, plus de 7 000 personnes, dont près d'un quart venant de l'étranger, ont assisté à l'événement, lancé onze ans plus tôt à l'initiative d'un homme, un officier supérieur, le général Marc Watin-Augouard, devenu l'une des figures de la lutte contre la cybercriminalité en France. Il a notamment animé le groupe de travail qui a contribué à la rédaction du rapport Breton sur la cybercriminalité, en 2005, l'un des documents fondateurs dans la constitution d'une véritable stratégie de défense de la France en la matière. Et ses travaux ont aussi débouché, en 2007, sur la création de cette conférence internationale.

« C'est une année charnière », expliquait-il. L'Estonie venait de subir une attaque informatique massive et il s'agissait de la première cyberattaque de nature à déstabiliser un pays. « Nous sommes passés de l'artisanat à une action caractérisée par un degré de sophistication extrêmement élevé. »

Après des années passées à pourchasser des ombres, les différents services spécialisés dans la traque des délinquants du cyberespace ne pouvaient plus se dispenser d'une collaboration étroite. Pour le général Watin-Augouard, qui enseigne aujourd'hui à l'École de guerre et dirige le centre de recherche de l'École des officiers de la gendarmerie nationale, il était temps de se parler : entre les unités françaises, bien sûr, mais aussi à l'échelle européenne et internationale. Et en associant les grands acteurs privés de la cyberdéfense et de la cybersécurité.

Chaque année, les grands noms de l'industrie sont de plus en plus nombreux à participer au Forum du général. Leurs stands s'étendent sur des milliers de mètres carrés à l'entrée des salles de conférences où se mêlent professionnels en civil et experts en uniforme, ministres et hackers éthiques. L'événement est devenu un énorme business, à l'image de l'évolution du secteur. Dans son rapport 2018, la société d'études californienne Cybersecurity Ventures estime que le marché mondial de la cybersécurité a été multiplié par trente-cinq au cours des treize dernières années. Tous les ans, il continue de progresser de plus de 10 % et entre 2017 et 2021, ce sont plus de 1 000 milliards de dollars qui devraient être investis par les organisations et les particuliers pour se défendre contre ces menaces. Un cache-misère, diront certains : chaque année, la cybercriminalité, sous toutes ses formes, causerait pour 6 000 milliards de dollars de dommages sur la planète.

Les hackers ont visiblement pris plusieurs longueurs d'avance sur leurs poursuivants. Les attaques sont de plus en plus sophistiquées et les réponses apportées par les sociétés spécialisées depuis le milieu des années 80 ne sont plus du tout adaptées aujourd'hui. Les stratégies fondées sur la défense, symbolisées par les logiciels antivirus et les murs pare-feu – les firewalls – sont totalement dépassées, à l'heure où les données et les systèmes d'information se déportent massivement dans le nuage, le Cloud.

En quelques années, l'industrie de la sécurité informatique s'est totalement transformée. Les grands noms de l'industrie high-tech américaine comme Microsoft, IBM ou Cisco se sont emparés de ces sujets, tout comme les grands groupes du secteur aérospatial, tel l'Européen Airbus ou l'Américain Raytheon. Parallèlement, les acteurs traditionnels de la discipline se sont restructurés et certains d'entre eux se sont rapprochés, tandis qu'une nouvelle vague d'entrepreneurs commence à émerger. Des centaines de start-up émergent d'un peu partout, levant des dizaines de millions d'euros avec des solutions disruptives.

La tendance est aujourd'hui aux méthodes offensives. Les organisations font évaluer en permanence la sécurité de leurs infrastructures avec des tests d'intrusion commandés à des sociétés spécialisées. Les grands groupes de cybersécurité mettent tous en avant leurs laboratoires et leurs équipes de chercheurs, hommes de l'art en matière d'épidémiologie. Leurs ingénieurs scrutent sans relâche le Dark Web et fréquentent les forums de hackers sous de fausses identités pour essayer d'anticiper les prochaines attaques, comprendre les modes d'organisation de ces organisations de malfaiteurs. Ils s'infiltrent dans les rouages de ces réseaux complexes et mouvants. Et parfois – trop rarement –, leurs efforts aboutissent à un vaste coup de filet.

L'industrie de la cybersécurité s'industrialise à très grande vitesse. Les stratégies mises en place se nourrissent désormais d'intelligence artificielle et « d'apprentissage automatique » ou de *machine learning*. L'être humain seul ne peut plus comprendre et analyser ces nouvelles menaces à propagation rapide qui envahissent chaque jour le cyberespace par centaines de milliers. Pour autant, ce secteur a gardé l'aspect d'une grande famille où tout le monde se connaît : on s'y croise, on s'y toise, on se défie, on se réconcilie… Mais surtout, la grande tribu des experts en cybersécurité continue de vivre au rythme des humeurs et des coups d'éclat de ses grandes figures tutélaires qui continuent à faire parler d'elles, chacune à leur manière, avec leur personnalité plus ou moins fantasque.

Un nom revient souvent dans les discussions entre hackers, une personnalité emblématique du secteur, qui résonne pour beaucoup comme une source d'inspiration. Winn Schwartau, l'un des experts les plus réputés du monde de la cybersécurité décrit d'une même phrase son boulot et la matière qu'il manipule au quotidien depuis des lustres : « Je travaille dans la cybersécurité depuis trente ans et je pense que je commence – peut-être – à la comprendre. »

Né en 1952 à New York, cet homme provocateur et affable est pourtant considéré comme l'un des meilleurs experts américains sur les questions de sécurité, de protection de la vie privée, de cyberterrorisme ou de guerre de l'information. Quand il était jeune, Winn Schwartau rêvait d'être embauché par l'une des grandes entreprises de technologie américaine. Avec des parents ingénieurs, comment aurait-il pu en être autrement ? Dans les années 70, un groupe fascinait tous les fanas de technologie du pays : le géant des télécoms AT&T, et particulièrement ses fameux Bell Labs, des laboratoires de recherche et développement spécialisés dans l'informatique, l'électronique et les télécoms, dont les chercheurs collectionnaient les prix Nobel.

Winn Schwartau avait brillamment réussi tous les tests, mais il lui fallait subir une ultime épreuve. La responsable du recrutement lui montra le bout d'un gros câble de téléphone de dix centimètres de diamètre, encore largement utilisé à l'époque, comprenant quelque 2 048 lignes de téléphone de différentes couleurs. C'est à ce moment précis qu'il a réalisé qu'il était daltonien. Adieu AT&T.

Mais le jeune homme ne s'est pas laissé abattre. Il a tenté sa chance chez IBM, le mastodonte de l'informatique. Pas de risque d'être pénalisé pour son petit handicap. Et tout s'est vraiment bien passé. Winn Schwartau avait pratiquement son contrat en poche lorsque le responsable lui a demandé de faire un effort sur sa tenue vestimentaire en désignant la photo accrochée au mur montrant un type d'une quarantaine d'années, costume sombre, chemise blanche, cravate noire, cheveux très courts… C'était Ross Perot, l'ancien candidat républicain à la Maison-Blanche qui, avant de devenir milliardaire, puis de se lancer dans la politique, s'était fait une réputation chez IBM en devenant son meilleur vendeur mondial. Le jeune Winn était prêt à beaucoup de compromis, mais pas à celui de renoncer à sa queue-de-cheval et ses fringues de hippie. Exit IBM.

Ces deux expériences malheureuses ont orienté la carrière de ce passionné de code et de réseau, un vrai *self-made-man* de la cybersécurité. Il n'a finalement jamais travaillé pour une grande entreprise, comme il en rêvait au départ. Il a créé sa propre société de conseil et s'est plongé dans le grand bain du cyberespace, rédigeant une dizaine d'ouvrages dédiés à l'exploration de ses nouvelles menaces digitales. Il a gagné la confiance des hackers et prodigue ses conseils aux grands groupes ainsi qu'à l'administration américaine. Il est aussi devenu l'une des personnalités clés de la Def Con. Et durant toute sa carrière, Winn Schwartau a orienté ses travaux sur l'explication des dangers liés à l'utilisation des nouvelles technologies sans un minimum d'éducation et de formation. Il a même écrit un ouvrage sur le sujet destiné aux enfants – *Internet and Computer Ethic for Kids* – que certains experts considèrent comme l'un des meilleurs ouvrages jamais écrits sur la cybersécurité. Il a aussi fondé la Security Awareness Company, qui développe des programmes de sensibilisation aux menaces dans le cyberespace à destination des organisations dans les secteurs public et privé, avec toujours cet objectif d'informer le plus grand nombre et de diffuser les bonnes pratiques pour se protéger.

Brian Krebs essaie lui aussi d'éveiller les consciences depuis longtemps, mais dans un tout autre style. Ancien journaliste du *Washington Post*, aujourd'hui blogueur réputé, il a passé toute sa carrière à enquêter sur les cyberdélinquants. Il scrute le Dark Web, ses sites, ses forums. Il y trouve beaucoup de choses. Et publie toutes ses découvertes.

Brian Krebs ne compte plus ses ennemis. En septembre 2016, son blog Krebsonsecurity.com a été la cible d'une attaque massive de type DDoS, ou déni de service : quelque 24 000 objets connectés piratés ont envoyé en boucle des requêtes vers son site jusqu'à le mettre hors service[1]. Le groupe Akamaï qui hébergeait gracieusement son blog a qualifié l'attaque de « monstrueuse » : le flux de données

1. Une attaque DDoS vise à rendre un serveur, un service ou une infrastructure indisponible. L'attaque peut prendre différentes formes : une saturation de la bande passante du serveur pour le rendre injoignable ou un épuisement des ressources système de la machine l'empêchant ainsi de répondre au trafic légitime. Une multitude de requêtes est envoyée en simultané depuis de multiples points du Web. L'intensité de ce « tir croisé » rend le service instable, voire indisponible.

s'élevait à 620 Gigabits par seconde... du jamais-vu dans le cyberespace. Son hébergeur a été contraint de l'abandonner pour ne pas pénaliser ses autres clients, payants. Le site est resté inaccessible pendant quatre jours. L'opération avait probablement été menée en représailles à la publication de l'une de ses enquêtes explosives. Le journaliste avait révélé les agissements d'une entreprise informatique spécialisée dans des attaques DDoS, offrant ses services sur le Dark Web. Son article avait abouti à l'arrestation d'au moins deux personnes.

Brian Krebs ne lâche rien, malgré les menaces et les vengeances. Il est régulièrement visé par des campagnes de cybersabotage en représailles à ses articles. Les catastrophes se sont enchaînées. Il a reçu par la poste un sachet d'héroïne qu'il n'avait – évidemment – jamais commandé, mais qui visait manifestement à le compromettre. Et sa maison en Virginie a été SWATtée. Le SWATting consiste à déclencher une alerte pour envoyer la police vers une cible dont on cherche à se venger. Le SWAT, aux États-Unis, est l'équivalent du RAID ou du GIGN français. Ce genre de mauvaise blague était initialement le fait de gamers, des fans de jeux vidéo cherchant à se venger d'un adversaire. Les policiers avaient reçu plusieurs appels indiquant que l'épouse de Brian Krebs avait été prise en otage à son domicile par des hackers russes. Menotté et visé par des armes à feu, Brian Krebs a rapidement réussi à convaincre les policiers qu'ils avaient été victimes d'une arnaque.

Peu de temps avant cette opération, le reporter avait écrit un article dévoilant les activités d'un réseau de trafiquants de fausses cartes bancaires et de leur chef, l'Ukrainien Sergei Vovnenko, dont il avait publié le nom et l'identité sur son site. Le méchant hacker a été interpellé en Italie puis extradé aux États-Unis où il a été jugé et condamné. L'un de ses complices, un Américain d'une vingtaine d'années, a également été arrêté. Les deux hommes se sont publiquement excusés auprès de Brian Krebs, qui continue de tenir scrupuleusement son blog et de traquer les cybercriminels, sans jamais faiblir.

Parfois, les chasseurs de cybermenace passent du côté obscur… Et dans la famille des mauvais garçons, John McAfee a probablement coché toutes les cases. L'homme est l'un des personnages les plus sulfureux de l'industrie informatique. Sur son site Web, www.whoismcafee.com, il se décrit comme expert en « technologies, cybersécurité, blockchain, Bitcoin, cryptomonnaies et autres sujets liés ». Son nom est familier de tous les possesseurs de PC. Le logiciel antivirus qu'il a inventé dans les années 80, l'un des tout premiers à arriver sur le marché, fut longtemps installé par défaut sur les nouveaux ordinateurs.

Mathématicien de formation, diplômé de Virginia Tech, il avait eu l'idée de génie de distribuer gracieusement son produit : entreprises et particuliers installaient gratuitement le programme sur leur machine, mais les mises à jour, en revanche, étaient payantes.

Déjà, à l'époque, les utilisateurs d'ordinateurs entretenaient une certaine obsession de la sécurité : en 1986 était apparu le premier virus, Brain, conçu par deux frères pakistanais originaires de Lahore, et qui se propageait alors *via* les disquettes. En l'espace de huit mois, John McAfee avait déjà amassé la coquette somme de 10 millions de dollars et vivait toujours dans un studio de Santa Clara, en plein cœur de la Silicon Valley. L'homme n'avait pas trop la réputation d'un flambeur à l'époque. Né en 1945 en Angleterre, d'une mère anglaise et d'un père militaire dans l'armée américaine qu'il décrit comme brutal et alcoolique, il avait grandi sur la côte est des États-Unis, dans un environnement très conservateur et religieux.

À l'âge de trente-deux ans, le jeune entrepreneur a donc décidé de se faire plaisir, suivant ainsi les conseils de ses amis et collaborateurs. Il a commencé par se débarrasser de sa vieille guimbarde pour s'offrir une Mercedes flambant neuve et a déménagé au bord de l'océan dans un superbe manoir de Santa Cruz, qu'il s'est offert pour 5 millions de dollars. McAfee a eu du mal à gérer sa soudaine fortune et sa notoriété grandissante. À l'image de beaucoup de ces geeks beatniks qui envahissent la baie de San Francisco à cette époque, le nouveau millionnaire tombe dans la drogue – il se vante de les avoir toutes essayées –, se met au yoga, et travaille de moins en moins. Il démissionne en 1994 et l'entreprise est introduite en Bourse deux ans plus tard. Il cède alors la totalité de ses actions. Sa fortune est évaluée à 100 millions de dollars.

Cette fois, il se lâche vraiment, sans aucune retenue. Dans un entretien avec un journaliste du *Financial Times* de Londres, publié en 2012, il confessera que sa plus grosse bêtise était probablement la construction de toutes ces propriétés aux quatre coins des États-Unis. Il en possédera une vingtaine au total, dont une superbe villa qu'il fait construire dans la cité balnéaire texane de South Padre Island, pour 5 millions de dollars. Il y séjournera au total une semaine. La propriété sera vendue aux enchères, en 2006, pour 2,2 millions de dollars.

Peu importe. À l'époque, McAfee est dans un nouveau trip. Il a ouvert un centre de yoga dans le Colorado, écrit plusieurs ouvrages sur le sujet, dont certains connaîtront un vrai succès de librairie. Il s'est également découvert une autre passion : l'aerotrekking, un sport très dangereux, consistant à piloter à très basse altitude de petits avions ultra-légers – des planeurs motorisés du style ULM – en évitant de s'écraser. En 2004, il a acheté un terrain de plus de 63 hectares à Rodeo, charmante bourgade de 101 habitants nichée en plein désert du Nouveau-Mexique. Au total, il y aurait investi près de 12 millions de dollars pour y aménager les équipements nécessaires. L'ensemble sera revendu aux enchères en août 2009 pour 1,5 million de dollars.

Entre-temps, l'homme s'est transporté à quelques milliers de kilomètres au sud, dans le micro-État du Belize, ses plages de sable fin, ses petites îles paradisiaques, ses vestiges archéologiques de la période

Maya… Il n'y recherchait pas seulement la douceur de vie et la tranquillité. L'entrepreneur multimillionnaire, devenu investisseur en immobilier, a très mal vécu la crise des subprimes en 2008 et la chute de la maison Lehman Brothers. Ses placements immobiliers sont partis en fumée. Sa fortune aurait fondu comme neige au soleil. Elle ne dépasserait pas aujourd'hui les 4 millions de dollars. Et selon le journaliste indépendant Jeff Wise qui l'a suivi à la trace durant plusieurs années, John McAfee aurait surtout cherché à échapper à la plainte déposée contre lui par la famille de Robert Gilson, un homme d'affaires décédé à soixante et un ans dans l'accident de l'un des appareils du club d'aerotrekking de Rodeo. Elle lui réclame plusieurs millions de dollars de dédommagement.

Sale période pour l'ancien pape de l'antivirus. En 2012, il sera même impliqué dans une sombre histoire d'assassinat : la mort par balle de son voisin au Belize. La police locale – qui le soupçonnait déjà de produire des drogues de synthèse – veut l'entendre comme témoin. Il prend la fuite comme un brigand, persuadé qu'un complot se monte contre lui. Les autorités le traitent de paranoïaque. Il se réfugie au Guatemala, dont le gouvernement veut l'extrader. Il tombe opportunément malade et se fait finalement rapatrier aux États-Unis. Le Belize n'engagera finalement jamais de poursuites contre lui. Mais il vivra durant des mois comme un fugitif. L'existence rocambolesque de John McAfee, pionnier de la lutte contre les cybermenaces, converti en flibustier de la finance, mériterait bien une adaptation cinématographique. Le projet existe depuis plusieurs années. Titre de travail : *King of the Jungle*, avec Johnny Depp dans le rôle principal. Pas sûr que l'œuvre voie jamais le jour. D'autant que le personnage est loin de s'être calmé ces dernières années.

John McAfee se serait bien vu à la Maison-Blanche, à la place de Donald Trump. En 2015, il s'est présenté à l'élection présidentielle américaine, comme candidat du parti libertarien, un courant très en vogue dans la Silicon Valley, prônant une intervention minimale de l'État et un renforcement des libertés individuelles. Depuis son retour au pays, il s'était reconstruit une stature d'entrepreneur, investissant une partie de ses économies dans des start-up du secteur de la cybersécurité, participant même à la création d'une poignée d'entre elles. Il a aussi pris les commandes d'un fonds d'investissement spécialisé sur ces thèmes, MGT Capital Investments. Pour peaufiner son image, il a donné des conférences, notamment au Def Con de 2014, pour y mettre en garde contre les nuisances du Smartphone et ses méfaits sur la vie privée.

Une harangue quasi prophétique au vu des accusations portées depuis contre les géants du Web, Facebook ou Google. Et c'est justement comme un gourou visionnaire que se voit désormais l'ancienne star de la sécurité informatique. Son nouveau terrain d'expérimentation : les cryptomonnaies. À la fin de l'année 2017, alors que le Bitcoin s'échangeait autour de 12 000 dollars, il a prédit, sur son compte Twitter, que la monnaie virtuelle atteindrait la barre du million de dollars à la fin de l'année 2020. Et de manger son sexe si sa prédiction se révélait fausse.

Pour la plupart des observateurs, les gesticulations de l'homme d'affaires autour du Bitcoin ont pour but essentiel de protéger ses investissements dans la cryptomonnaie et de lui éviter une nouvelle débâcle financière. Celui-ci dépense en tout cas beaucoup d'énergie dans son job de crypto-conseiller financier. Il s'appuie sur les réseaux sociaux pour mener son nouveau business, et notamment sur les quelque 850 000 abonnés qu'il comptait au printemps 2018 sur son compte Twitter. Chacune de ses bonnes paroles vaut de l'or. Selon lui, la plupart de ses followers sont de gros investisseurs dans ces nouvelles devises. Plus précisément 259 000 d'entre eux posséderaient au moins la moitié de leur portefeuille d'actifs en cryptomonnaies. Et tous sont à la recherche de bons placements.

Avec sa seconde épouse, Janice, et quelques amis, il a donc fondé la McAfee Crypto Team, une équipe spécialisée dans le conseil en ICO (Initial Coin Offering), ces levées de fonds d'un nouveau genre réalisées par les start-up, entièrement en cryptomonnaies. Les jeunes pousses intéressées peuvent lui transmettre leur dossier, mais il assure qu'il ne retient que les 10 % des candidats les plus crédibles. Les heureux élus auront alors la chance et l'honneur de débourser 105 000 dollars pour chaque tweet qu'il postera sur son compte vantant les mérites d'un investissement dans leur start-up. La campagne de promotion d'une ICO est limitée à sept tweets maximum…

Peut-on croire aux prédictions de John McAfee ? Ses intentions sont-elles nobles et sincères ? L'inventeur de l'antivirus est aujourd'hui le principal détracteur de ces produits de sécurité informatique et affirme publiquement qu'il n'en utilise pas pour ne pas ralentir le fonctionnement de son ordinateur. En misant sur les Bitcoins, redevient-il l'un des grands visionnaires high-tech de son époque ? Ou prépare-t-il simplement la plus belle cyberarnaque de ce début de XXIe siècle ?

Tous les pionniers de la lutte contre les cybermenaces n'ont pas un parcours aussi chaotique et rocambolesque que celui de John McAfee. En comparaison, Peter Norton, autre figure emblématique de l'industrie, apparaît comme un modèle de sagesse. Ses produits et ses nombreux ouvrages portent toujours son nom et même son portrait, comme une garantie de sérieux.

Cet informaticien de carrière a fondé sa boîte, au début des années 80, il avait une quarantaine d'années. IBM venait de sortir son premier ordinateur personnel. C'était en 2001. Il était l'un des tout premiers acheteurs et passait ses journées et ses soirées entières sur sa machine. Par le plus grand des hasards, il avait pu profiter d'un plan de licenciement massif lancé par son employeur.

Au fil de ses expérimentations, Peter Norton en était venu à mettre au point une série de petits programmes. L'une de ses inventions permettait de récupérer des données effacées par mégarde sur son disque dur. Sans surprise, son programme a connu un joli succès parmi ses amis et ses anciens collègues. Et c'est ainsi que l'informaticien au chômage commença sa nouvelle vie d'entrepreneur, en Californie. Ce qui n'était au départ qu'une suite de logiciels permettant d'améliorer les performances de son PC et d'en réparer les pannes et les bugs devint très vite un outil indispensable de protection avec l'apparition des virus et des vers informatiques, au milieu des années 80.

Doué d'une grande capacité de travail, Peter Norton menait sa start-up à une cadence infernale tout en continuant de produire ses livres de conseil en informatique à un rythme industriel. La plupart sont devenus des best-sellers planétaires. Et quand, en 1990, il revendra au groupe de sécurité américain Symantec son entreprise Peter Norton Computing pour une somme estimée autour de 70 millions de dollars, ses bouquins continueront de se vendre comme des petits pains. Avec toujours ces couvertures au style très reconnaissable : un titre totalement ésotérique, comprenant son nom bien en évidence, et une photo de lui en bras de chemise et cravate sombre, l'air sévère. Sur certaines il posait même un stéthoscope autour du cou pour donner l'image rassurante du médecin en consultation.

Après avoir vendu son affaire, Peter Norton n'a pas pété les plombs. Il n'a pas sombré dans la drogue, n'a pas commis d'investissements hasardeux dans l'immobilier et ne s'est pas réfugié dans un pays exotique pour échapper à d'éventuelles poursuites judiciaires. « Chemise rose », comme il a été surnommé à l'époque, en référence à la couleur du vêtement qu'il portait sur la couverture de l'un de ses ouvrages, a décidé de couler des jours tranquilles avec sa femme et leurs deux enfants. Ils se sont acheté une maison sur Martha's Vineyard, l'île très chic où les Américains aisés de la côte Est aiment prendre un peu de repos. Il est aussi devenu l'un des plus grands collectionneurs américains d'art contemporain. Une collection dont il a revendu une large partie pour réaliser des donations à des œuvres caritatives. Et l'homme d'affaires a pris ses distances avec les ordinateurs, les virus et la sécurité des réseaux. Mais son nom reste associé à l'une des suites de sécurité les plus utilisées dans le monde et désormais gérée par Symantec, le géant américain de l'industrie.

Symantec, Palo Alto Networks, Fire Eye, Fortinet… Au milieu de cette tribu d'experts très américains se sont glissés plusieurs intrus, à commencer par quelques pépites israéliennes, comme Check Point ou Radware, deux sociétés fondées au milieu des années 90. La start-up Nation a su mettre en place, depuis plusieurs années, un système très efficace boostant le développement de jeunes entreprises innovantes, notamment dans les domaines des technologies de l'information et de la cybersécurité. Ce bouillonnement est le fruit d'une collaboration étroite et vertueuse entre le monde académique, celui des entrepreneurs, les laboratoires de recherche militaire et les circuits de financement. Quelque 400 start-up évolueraient aujourd'hui dans ce secteur constituant le fer de lance d'une industrie israélienne qui pèse aujourd'hui pour environ 16 % du marché mondial de la cybersécurité.

La France, en comparaison, ne possède que 100 à 150 jeunes pousses dans ce secteur. La plupart d'entre elles disposent d'une technologie innovante et dégagent un petit chiffre d'affaires, mais elles peinent à construire un modèle économique pérenne. Leurs fondateurs sont souvent des ingénieurs purs et durs, qui rechignent à ouvrir leur capital et encore plus à partager le pouvoir avec des gens du marketing et du commercial. « Les Israéliens, en revanche, développent des briques technologiques et revendent leur start-up plusieurs centaines de millions de dollars, même si elles n'ont pas de chiffre d'affaires, ni de clients, observe Laurent Dumas-Crouzillac, spécialiste des questions de cybersécurité au sein de la société de capital-risque française Cap Horn. Ils ont le savoir-faire et les experts qui savent comment financer ce type de risques. »

Difficile d'exister pour un Européen face à la puissance de feu des acteurs américains et israéliens. Sauf quand on s'appelle Pavel Baudiš ou Eduard Kučera. En 1988, l'année de la chute du Mur, ces deux chercheurs tchèques ont fondé la société Avast, l'un des leaders mondiaux de la cybersécurité, ultra-rentable, avec un chiffre d'affaires qui avoisine les 800 millions d'euros. Au mois de mai 2018, l'entreprise, qui emploie aujourd'hui plus de 1 600 salariés, a réalisé l'une des plus grosses entrées en Bourse sur le London Stock Exchange, la valorisant autour de 2,4 milliards d'euros.

Avast n'a plus grand-chose à voir avec le laboratoire de recherche poussiéreux où elle est née à la fin de la guerre froide, dans l'Institut de recherche des Machines mathématiques. Kučera et Baudiš s'y ennuyaient ferme, dans une atmosphère de fin de règne. Le premier s'était rabattu par défaut sur la matière informatique faute d'avoir été autorisé par les autorités à se lancer dans des études de physiques : il avait refusé de prendre sa carte du Parti communiste. Le second tuait le temps en programmant, en inspectant des bouts de code qu'il stockait sur des vieilles disquettes… Et c'est un peu par hasard qu'il tombe un jour sur le virus Vienna, un code malveillant qui fait son apparition en Europe en 1987. L'association entre les deux hommes vient de là. Ils forment la coopérative ALWIL, spécialisée dans la lutte contre les virus informatiques. La fin de l'Union soviétique est survenue au bon moment, leur permettant de quitter leur laboratoire de recherche, en 1991, et de créer une société autour de ce concept émergent de sécurité informatique.

Le vrai succès d'Avast viendra une décennie plus tard. Les chercheurs de Prague ont lutté férocement contre la redoutable concurrence américaine, mais le combat était déséquilibré dès le départ. Symantec ou McAfee ont passé des accords avec les plus grands fabricants d'ordinateurs pour préinstaller leurs logiciels sur les machines dès leur conception. En désespoir de cause, les deux Tchèques chamboulent leur modèle économique et proposent leur produit gratuitement, en téléchargement sur Internet. L'idée est toute simple : convaincre les internautes d'installer le logiciel, de l'utiliser au quotidien, pour mieux les convaincre de passer ensuite à une version payante, plus complète.

L'entreprise est au bord de la faillite et ses ressources marketing sont quasi inexistantes. Leur meilleure arme, c'est le bouche-à-oreille. Il faudra quelque temps avant que leur plan de sauvetage ne commence à porter ses fruits. Mais leur plan a fonctionné à merveille. En 2018, le Tchèque possédait de loin la plus vaste base installée d'utilisateurs : plus de 435 millions de personnes dans le monde ont installé l'un de ses produits. Le nombre de clients acceptant finalement de payer pour la solution de sécurité se limite à quelques dizaines de millions, mais cette population d'utilisateurs non payants constitue un actif stratégique précieux : elle lui remonte en temps réel les différentes menaces qui émergent dans le cyberespace. Ces informations valent de l'or et lui donnent un avantage décisif sur ses grands rivaux américains. Avast peut ainsi proposer quotidiennement plusieurs mises à jour de ses produits. Et renforcer un peu plus le lien avec ses centaines de millions d'adeptes.

La cybersécurité n'est donc pas – entièrement – une affaire américaine, ni d'ailleurs une matière strictement masculine. Il n'est pas toujours simple d'être une femme dans cet univers de geeks et de nerds où les blagues salaces circulent plus vite que les campagnes de ransomware. La gent féminine ne représentait que 20 % de la force de travail du secteur en 2018, selon une enquête réalisée par Cybersecurity Ventures. Un chiffre qui pourrait presque paraître encourageant puisque cinq ans plus tôt, elles n'étaient que 11 % d'après une étude du cabinet Frost & Sullivan. La sous-représentation des femmes est d'autant plus navrante que, selon diverses études, quelque 2 millions de postes seraient aujourd'hui vacants dans ce secteur en plein boom.

Dans ce contexte, l'histoire d'Eva Chen est d'autant plus remarquable. Née à Taïwan en 1959, arrivée aux États-Unis vingt-cinq ans plus tard avec un diplôme de philosophie en poche, elle étudie sur le tard la gestion des systèmes d'information et fonde l'entreprise Trend Micro, en Californie, avec sa sœur et son beau-frère, en 1988. L'entreprise de sécurité informatique installera son siège social à Tokyo, en

1992, après le rachat d'une entreprise japonaise. Une décision très géostratégique, qui lui permet d'échapper aux injonctions de l'administration américaine, explique aujourd'hui l'un des cadres dirigeants européens.

Eva Chen a épousé Daniel Chiang, l'un des fondateurs du portail Internet chinois Sina.com. Et en 2005, elle a pris la direction de Trend Micro pour propulser la société au rang des leaders de l'industrie dont elle demeure aujourd'hui, discrètement, l'une des figures les plus influentes. En 2018, l'entreprise, très rentable, pèse près de 1,5 milliard d'euros de chiffre d'affaires. Le groupe japonais se pose comme le challenger le plus sérieux du mammouth californien Symantec et ses 4 milliards de dollars de revenus.

Aucun de ces adversaires n'égale pourtant en charisme et en notoriété le pape moscovite de l'antivirus, Eugène Kaspersky. En deux décennies, dans la Russie post-soviétique, il s'est construit auprès des hackers, autant que des services de police du monde entier, la réputation du plus redoutable des traqueurs de cyberdélinquants. Même si plusieurs incidents sont récemment venus ternir l'image de cette icône de la cybersécurité.

Tous les ans, à la fin de l'hiver, Eugène Kaspersky organise une conférence au soleil. L'événement se tient depuis une dizaine d'années. Le lieu change à chaque fois. Seules conditions fixées par le patron à ses équipes chargées de l'organisation : le soleil, la chaleur et la plage. Durant trois jours les experts russes de Kaspersky Lab échangent leurs analyses et points de vue avec les meilleurs spécialistes du moment : hackers, professeurs d'université, policiers... Certains participants viennent à l'événement masqués comme des champions de catch, pour ne pas être reconnus.

En mars 2018, pour la dixième édition du Security Analyst Summit, quelque 350 pontes de la cybersécurité ont donc fait le voyage vers un palace de Cancún, vaste station balnéaire mexicaine où les Américains du Nord viennent se ressourcer en vitamines D, en cocktails variés, en danses électrisées et autres plaisirs du corps... Dans la journée, les tables rondes et les keynotes s'enchaînent à un rythme soutenu. Dans un langage totalement incompréhensible du commun des mortels, les hackers éthiques viennent raconter comment ils ont piraté des systèmes réputés inviolables. Des membres des forces de l'ordre expliquent dans le détail comment ils ont réussi à coincer des bandes de délinquants. Des chercheurs décortiquent l'arsenal de cyberguerre de l'Armée populaire de libération... Au fil des ans, les équipes de Kaspersky ont instauré une sympathique tradition : à la fin de chaque session, les intervenants sur scène doivent prendre un « shot », un verre d'alcool fort, absorbé d'un coup sec. À Cancún, qu'il soit 9 heures du matin ou 5 heures de l'après-midi, chaque speaker ingurgite donc son verre de tequila. Aucun moyen d'y échapper.

La journée se termine toujours par une grande fête dans un lieu retiré mais toujours agréable… Dans les jardins de l'Hacienda La Esperanza, un chapiteau géant a été installé : la pluie tombe depuis plusieurs heures sur la région. Dans un anglais teinté d'un fort accent russe, l'homme d'affaires livre sa pensée du jour : « L'an dernier, nous avions organisé notre sommet dans un hôtel à Saint-Martin et trois mois plus tard, il était dévasté par un cyclone. Cette année, nous sommes à Cancún et au deuxième jour de la conférence, c'est la tempête… nous nous améliorons d'année en année. » Le politiquement correct n'est pas son genre, il est capable de rire de tout. Ou presque…

Depuis quelques mois, une affaire le préoccupe en particulier, une énorme tempête politico-médiatique dont les conséquences pourraient s'avérer tout aussi redoutables qu'une dépression tropicale. Washington accuse Kaspersky Lab d'avoir siphonné des données de son agence de sécurité, la NSA, pour le compte du Kremlin. L'histoire, qui trouve ses origines à la fin 2014, n'a cessé de s'envenimer depuis 2017, alimentée par les rumeurs, les accusations politiques des deux bords, les révélations de la presse américaine.

L'affaire est très sérieuse. Et très complexe. Entre septembre et novembre 2014, les serveurs de la société de sécurité russe ont récupéré des documents, des fichiers exécutables et des codes sources, situés sur le disque dur d'un ordinateur protégé par un produit Kaspersky situé à une vingtaine de kilomètres du quartier général de la NSA, à Fort Meade, dans le Maryland. La machine en question était celle d'un sous-traitant de l'agence de sécurité américaine, qui aurait commis des fautes de procédure.

Les données récupérées par Kaspersky sont en fait des cyberarmes utilisées par l'une de ses sections d'élite inconnues jusqu'alors, mais dévoilées par les chercheurs russes : Equation Group.

Eugène Kaspersky est personnellement monté au créneau, reconnaissant qu'ils avaient bien eu ces données en leur possession, mais qu'ils n'étaient pas à l'origine de la fuite. « Le logiciel Kaspersky a fait ce qu'on lui demandait : il a trouvé des menaces et les a signalées », commente un concurrent. La version des experts moscovites est donc celle d'une détection accidentelle d'armes de guerre : leurs outils auraient simplement fait leur boulot en remontant ces codes et fichiers pour analyse. Mais les autorités américaines ne l'entendent pas ainsi.

James Andrew Lewis, vice-président du think tank CSIS (Center for Strategic and International Studies), résume les doutes de beaucoup de responsables politiques américains : « Eugène Kaspersky a étudié à l'école de cryptographie du KGB et il a fait partie de l'armée soviétique. De plus sa société est toujours établie à Moscou. Pour une agence de renseignement, ce sont autant de drapeaux rouges. »

En septembre 2017, l'administration Trump a demandé que toutes les agences fédérales se débarrassent des logiciels de l'éditeur russe. Eugène Kaspersky a vainement proposé de venir s'expliquer devant le Congrès américain. Et en décembre, le Sénat a voté une loi bannissant ses produits de tous les systèmes d'information gouvernementaux.

L'homme d'affaires n'a cessé de clamer son innocence, pointant du doigt la fourberie de ses concurrents, rappelant le contexte de tensions diplomatiques. Durant des mois, le bannissement s'est cantonné à l'administration américaine. Le gouvernement allemand a publiquement indiqué qu'il ne voyait pas d'événement probant qui pourrait remettre en cause sa collaboration avec le groupe russe. Tout comme en France où l'éditeur compte notamment parmi ses clients le ministère de l'Intérieur et la gendarmerie nationale. Au sein du contre-espionnage français, certains confient leur inquiétude sur la menace potentielle des logiciels russes. Mais aucune position officielle n'est venue en interdire l'usage. Fin 2017, Guillaume Poupard, directeur de l'Agence nationale de la sécurité des systèmes d'information (ANSSI), a émis cet avis prudent : « Il n'y a pas de véto sur tel ou tel antivirus. Il y a beaucoup de communication dans tout cela… Les conditions d'utilisation de Kaspersky ne sont ni meilleures ni pires qu'il y a quelques mois. »

Mais le 14 mai, une deuxième sanction est venue des Pays-Bas. Le ministre de la Justice, Ferdinand

Grapperhaus, a annoncé que le gouvernement néerlandais suspendait l'utilisation des logiciels du groupe russe « par mesure de précaution », et incitait les entreprises du royaume à faire de même. Tout en précisant qu'aucun fait précis ne permettait de confirmer le risque.

Dès le lendemain, le groupe russe publiait un communiqué détaillant les mesures radicales qu'il avait décidé de mettre en œuvre pour tenter d'éteindre définitivement l'incendie. « La confiance est essentielle en matière de cybersécurité et Kaspersky Lab a conscience qu'elle doit se mériter en permanence par la transparence et la traçabilité », confesse le groupe qui, après quelques mois de flottement, a décidé de délocaliser toute son infrastructure de Moscou à Zürich, en Suisse. D'ici à la fin 2019, toutes les données de ses clients y seront transférées. Par cette annonce, Eugène Kaspersky veut éviter que cette affaire ne lui fasse perdre ses clients les plus fidèles.

L'initiative n'a pas rassuré les membres du Parlement européen. Le 13 juin 2018, ceux-ci ont voté un texte fixant le cadre d'une collaboration des pays de l'Union en matière de cybersécurité. L'une de ses dispositions est particulièrement sévère à l'encontre du groupe russe. Elle demande aux États membres de se livrer à « un examen complet des équipements logiciels, informatiques et de communication, ainsi que des infrastructures utilisées dans les institutions afin d'exclure les programmes et appareils potentiellement dangereux et d'interdire ceux qui ont été confirmés comme malveillants, comme Kaspersky Labs». L'accusation n'est étayée d'aucune preuve. Eugène Kaspersky a immédiatement réagi sur son compte Twitter en annonçant qu'il suspendait ses collaborations avec plusieurs instances européennes, notamment Europol.

Le patron russe aime rappeler, sourire en coin, que 80 % de ses chercheurs sont russes, et que les services de police spécialisés britanniques, singapouriens, ou même Interpol, n'ont pourtant jamais hésité à faire appel à leurs services pour attraper les cyberbandits. Gert Ras se souvient de sa première rencontre avec Eugène Kaspersky. Il y a quelques années, le patron de l'unité spéciale de la police néerlandaise chargée des crimes high-tech participait à une conférence à Singapour où intervenait également la légende russe. « En deux minutes de discussion nous nous sommes entendus sur notre collaboration, pas besoin de papier, nous nous sommes serré la main en ayant convenu de tous les détails jusqu'à la communication sur notre enquête », raconte-t-il.

Longtemps, Eugène Kaspersky a même entretenu de « bonnes relations » avec le FBI, assure-t-il. Il y a quelques années, l'ancienne secrétaire d'État américaine Condoleezza Rice lui avait fait cette confession inattendue au cours d'une conférence à laquelle ils participaient tous les deux : « Les développeurs russes sont les meilleurs au monde. » L'homme a toujours su cultiver ses amitiés éclectiques. Howard Schmidt, conseiller spécial des présidents américains George W. Bush et Barack Obama pour les questions de cybersécurité, était un ami très proche. Les deux hommes avaient appris à se connaître et travaillaient étroitement ensemble. « Mon ami Eugène Kaspersky a cette phrase que j'aime beaucoup, avait confié le responsable américain devant les caméras d'une chaîne de télé : il dit que nous autres dans la Sécurité, sommes tous des paranoïaques, mais qu'il est un paranoïaque optimiste. » Le décès de son ami, en mars 2017, a profondément bouleversé l'ingénieur russe. Cette disparition marque aussi le début de ses ennuis avec les officiels américains.

À Cancún, la brouille soudaine avec l'administration américaine était sur toutes les lèvres des participants au Sommet des analystes. Les chercheurs de Kaspersky restaient très prudents sur le sujet. Dans la soirée, entre une pinte de bière mexicaine et un shot de tequila, les esprits commençaient à s'échauffer, les langues se déliaient, l'amertume se libérait, au fil des toasts : « *Fuck USA !* »

Depuis des années, Eugène Kaspersky a publiquement martelé le même message : « Nous sommes une compagnie internationale avec des racines russes. Notre mission est de protéger nos clients, et nous gardons nos distances par rapport aux affaires politiques. » Il a fondé sa société de sécurité informatique en 1997, à trente-deux ans, avec sa première épouse Natalya, mathématicienne comme lui, qui restera présidente du groupe jusqu'en 2012.

Eugène a vu le jour en 1965, à Novorossiysk, principal port de la mer Noire. Son père était ingénieur, sa mère travaillait aux archives nationales de l'Union soviétique. Tous deux lui ont enseigné le goût du savoir. Il était plus à l'aise dans la résolution de problèmes mathématiques que dans la lecture des classiques russes. Ses aptitudes hors du commun lui ont valu d'être placé dans une école pour jeunes enfants prodiges, puis, à l'âge de seize ans, d'être admis à l'Institut de cryptographie, de télécommunications et de sciences informatiques, la faculté technique du KGB.

Les accusations portées aujourd'hui contre son entreprise reposent pour partie sur ce passé trouble. Le monde du renseignement américain formule en boucle cette question : à quel moment un agent du KGB cesse-t-il d'être un agent du KGB ? Ridicule, balaie Eugène Kaspersky. Il n'a jamais été agent secret. Il s'est toujours vu comme un biologiste spécialiste de l'infection virale digitale.

Il a fait connaissance avec son premier virus informatique en 1989, année de l'effondrement du rideau de fer. Sa passion vient de là : l'infection de son ordinateur personnel par le programme Cascade, qui a fait des ravages au début des années 90. Il avait pour effet de détruire les textes en faisant chuter les lettres pour former un petit tas, en bas de l'écran. Le jeune geek consacrerait donc son existence à étudier et combattre ces menaces d'un nouveau genre. Sans jamais franchir la ligne jaune, assure-t-il.

Eugène Kaspersky a construit son empire et sa fortune évaluée à 1,4 milliard de dollars, en 2018, par le magazine américain Forbes, sur son franc-parler, la confiance et une certaine décontraction de geek. Avec son air roublard, il a du mal à formuler deux phrases d'affilée sans enchaîner sur une blague, ponctuée d'un énorme éclat de rire. L'homme est plus à l'aise en bermuda et chemise à fleurs qu'en costume trois pièces. Il fuit autant que possible les mondanités, mais il sait se faire violence pour les grandes occasions. Invité un soir au Kremlin pour recevoir un prix honorifique des mains de Vladimir Poutine, il a passé commande d'un costume chez le tailleur italien Brioni, qui habille également le chef de l'État. Mais il a choisi quelque chose de raisonnable : pas question d'avoir l'air plus chic que le puissant président russe.

Le pape des virus a toujours su se montrer habile. Avec son équipe d'ingénieurs surdoués il a déjoué quelques-unes des pires attaques informatiques qu'aient connues gouvernements et entreprises au cours des dernières années. « Nous essayons de sauver le monde, il en est persuadé », confie Anton Shingarev, le plus proche collaborateur de l'homme d'affaires. Le patron de Kaspersky Lab a toujours su rester à l'écart de la politique. Moscou demeure, jusqu'à présent, son port d'attache. Il y habite un duplex dans un immeuble qui surplombe le réservoir de Khimki, au nord-ouest de la capitale. L'endroit est agréable. Il a surtout le grand avantage d'être situé à moins de vingt minutes en voiture du siège de la société. Rien d'extravagant. Seul point faible connu : les voitures de sport. Il aime conduire lui-même sa BMW M3 et Kaspersky est le sponsor de l'écurie Ferrari de Formule 1.

Mais l'homme d'affaires a tendance à fuir le bling-bling. Il la joue même profil bas depuis l'enlèvement de son fils Ivan, alors âgé d'une vingtaine d'années. C'était en avril 2011, les ravisseurs réclamaient une rançon de 3 millions d'euros. Ils ont commis l'erreur de passer un coup de fil de leur téléphone mobile et Eugène, aidé d'un ami policier, n'a eu aucune difficulté à localiser le lieu de détention. Un commando du FSB, les services de sécurité russes, a réglé l'affaire en douceur.

Le milliardaire a fait discrètement renforcer la sécurité autour des membres de sa famille : ses deux jeunes enfants issus de son troisième mariage et ses deux aînés âgés d'une vingtaine d'années. Lui-même, quand il est à Moscou, ne se déplace jamais sans son chauffeur qui fait aussi office de garde du corps. Sa vie est réglée comme du papier à musique. Il se couche rarement avant 1 heure du matin : après le dîner en famille, il se met derrière son ordinateur avec un cigare et un verre de whisky et répond à des mails, son mode de communication préféré. L'ingénieur en cryptographie se méfie comme de la peste du smartphone. Il se contente d'un mobile d'ancienne génération plus sûr en termes de sécurité, selon lui. « De toute façon, il n'aime pas trop parler au téléphone, confie Anton Shingarev. Il préfère se consacrer à d'autres tâches », la lecture par exemple. Il n'est pas fan de la grande littérature, il a lu Dostoïevski par devoir patriotique. En revanche il s'intéresse beaucoup aux bouquins de business et de management. Et il continue de dévorer une quantité impressionnante d'ouvrages scientifiques, notamment dans le domaine de l'astrologie, l'une de ses marottes.

Il assiste tous les deux ans au Festival Starmus. Les volcans sont une autre de ses lubies, qu'il parvient à concilier avec sa passion pour les voyages. Sans surprise, il passe beaucoup de temps en Nouvelle-Zélande et en Indonésie. Parmi les nombreuses attributions d'Anton, son fidèle collaborateur, l'organisation de ces déplacements et autres expéditions est une tâche particulièrement sensible. Outre ses visites aux clients et la douzaine de conférences annuelles auxquelles il participe comme speaker, il faut lui dégager trois semaines en été pour qu'il puisse faire sa marche de 300 kilomètres dans l'Altaï ou le Kamchatka – parce que c'est beau, sauvage et qu'il y a des volcans.

Il se fait déposer en hélicoptère avec quelques fidèles collaborateurs et son épouse pour vivre ensuite au plus près de la nature et se fait ravitailler par les airs. Il décroche ensuite durant trois semaines en hiver pour faire du ski ou jouer les explorateurs de volcan. Et depuis peu, il a rajouté une troisième césure au mois d'octobre, en Chine, juste après la Golden Week, traditionnelle semaine de vacances dans l'empire du Milieu. C'est sa nouvelle tradition. Accompagné de son épouse, d'origine chinoise, et de quelques proches, il explore des endroits méconnus et reculés. Le pape des virus apprécie de plus en plus ces moments de quiétude, loin des caprices météorologiques de la zone Caraïbes. Très loin des tempêtes médiatiques qui ébranlent son empire.

CHAPITRE 8

DANS LES PROFONDEURS DU DARK WEB

« Je ne suis pas en danger, je suis le danger. »

Walter White – *Breaking Bad*

Le 3 janvier 2018, une activité insolite a été détectée sur l'un des principaux forums de l'État islamique, au plus profond du Dark Web. Un participant de l'un des fils de discussion a commencé à y poster des captures d'écran de messages rédigés en arabes, postés sur un compte Twitter. « Parmi toutes les grandes pertes subies par l'État islamique, figure la perte de ce qui était appelé "Wilayat Twitter". Et le groupe essaye encore, en vain, d'inciter ses partisans de revenir sur Twitter… »

Dans une autre image postée sur le même fil de discussion, un message donnait des précisions chiffrées : « L'activité de Daesh sur le réseau social a fortement diminué. 2014 : une moyenne de 90 tweets par minute. 2016 : une moyenne de 20 tweets par minute. » Et l'auteur de ces lignes de conclure par quelques mots implorants : « Nous vous prions, jour et nuit, de retourner sur Twitter. »

La scène a été suivie de près par une équipe de chercheurs de Flashpoint, une société new-yorkaise spécialisée dans la surveillance du Dark Web. Durant plusieurs mois, ces quatre experts se sont relayés pour collecter des informations sur les deux forums les plus utilisés dans le Dark Web par l'organisation terroriste. Les partisans de Daesh s'y échangent une quantité d'informations variées : des tutoriaux pour apprendre à hacker des réseaux ou des appareils, des liens vers des logiciels piratés… Mais l'équipe de Flashpoint avait un objectif bien précis pour cette mission : comprendre comment l'organisation de l'État islamique diffuse ses instruments de propagande à partir de ses bases arrière du Dark Web. L'énorme travail d'analyse de données a consisté à mesurer quels étaient les noms de domaines des adresses URL les plus échangées sur ces deux forums.

L'étude visait aussi à évaluer les efforts engagés ces dernières années par les géants de l'Internet pour tenter d'éliminer la présence de ces groupes terroristes de leurs plateformes. Les données sur lesquelles ils ont planché s'étalaient sur la période allant de 2014 à 2017. Ils s'attendaient à voir un changement radical dans la manière dont Daesh diffusait ses messages. Ils ont eu quelques surprises.

Le travail réalisé par les « équipes de nettoyage » des réseaux sociaux a indéniablement porté ses fruits.

Dans un message posté sur le même forum, un partisan très engagé répond au militant qui appelle au retour de Daesh sur Twitter : « Mon frère, c'est une tâche impossible. J'ai moi-même eu plus de 120 comptes fermés sur Twitter. Parfois, trois comptes étaient fermés le même jour. Alors que je n'étais pas aussi actif que d'autres comptes. Quel est l'intérêt de comptes qui vont être fermés une heure après qu'ils ont été créés ? »

En l'espace de deux ans, le réseau social semble avoir été déserté par les islamistes. En revanche, YouTube s'est pratiquement maintenu, tandis que Google progressait nettement, tout comme Dailymotion. « Nous pensions que d'autres plateformes émergeraient, mais ce n'a pas vraiment été le cas… apparemment, il était toujours aussi facile pour eux d'y accéder », raconte Ken Wolf, l'un des chercheurs de l'équipe Flashpoint. Analysant de près les conversations des forums sur le Dark Web, ces derniers ont tout de même relevé les initiatives des partisans de Daesh pour tenter de contourner les mesures de surveillance mises en place par les réseaux sociaux.

Dans l'un des messages interceptés, un membre de l'organisation État islamique recommande l'utilisation d'une nouvelle plateforme expérimentale, nommée D.Tube, un réseau pair à pair, comme BitTorrent, utilisé notamment pour pirater de la musique ou des films, mais construit sur la technologie Blockchain. Le recours à la messagerie cryptée Telegram est également encouragé.

Ces initiatives démontrent le haut niveau de technicité des partisans de l'organisation terroriste échangeant sur ces forums. Les solutions proposées, permettant de communiquer en mode crypté, sont idéales pour échapper à la censure, mais elles ne sont pas du tout adaptées pour diffuser massivement de la propagande sous forme de textes, d'images et de vidéos.

Les cybermilitants de l'État islamique ont donc trouvé d'autres solutions. Ils ont notamment privilégié la plateforme Archive.org. Cette organisation américaine a été fondée en 1996 sur de très louables intentions et une immense ambition : archiver l'Internet. Sur son site Web, elle décrit très clairement sa mission : « Construire une librairie digitale des sites Internet et autres artefacts culturels sous formes numériques. » Elle s'adresse aussi bien aux chercheurs qu'aux étudiants, historiens ou au grand public et veut classer les contenus du cyberespace comme le fait une bibliothèque avec des livres et des documents.

Les services proposés par Archive.org sont très appréciés des responsables de Daesh qui les utilisent abondamment pour stocker tout leur matériel de propagande. D'après les chercheurs de Flashpoint, la grande librairie digitale de l'Internet sert de centre de stockage pour l'organisation islamiste depuis des années, sans qu'elle y soit vraiment inquiétée. Elle leur permet de rendre leurs contenus accessibles en permanence et au plus grand nombre, même lorsque ceux-ci sont censurés sur les sites qu'ils utilisent habituellement, comme justpaste.it, une plateforme créée par un jeune entrepreneur polonais : en y téléchargeant un texte et des images, on obtient instantanément un lien permettant de partager facilement ces contenus sur les réseaux sociaux. Le site, toujours en activité, a été très utilisé par les chefs de la propagande islamiste, qui ont dû revoir leur plan lorsque son propriétaire a commencé à collaborer avec les services de police et à enlever les contenus illicites.

L'intense activité sur les deux forums du Dark Web, surveillés pas les équipes de Flashpoint, prouve qu'ils ne sont jamais à court d'idées. Ils y échafaudent tranquillement leur stratégie digitale pour toucher le plus large public possible, sans risque d'être pris. Une impunité que leur garantit le total anonymat du Dark Web.

Cette face cachée du cyberespace est totalement inconnue et ignorée du grand public. Les moteurs de recherche comme Google ou Bing de Microsoft ne scrutent qu'une infime portion de l'immensité du Web. Cette partie du réseau planétaire qui ne peut être vue par les internautes est appelée le Deep Web, ou le web profond, comme la profondeur des océans… La partie immergée de l'iceberg. Si 1,3 milliard de sites sont officiellement référencés, le Deep Web en compterait 500 fois plus. La plus vaste majorité de cet espace est absolument sûre : des montagnes d'informations y sont stockées, mais ne sont pas destinées à être vues par le grand public et ne sont accessibles que par des systèmes d'authentification par login et mot de passe : intranet d'entreprises, travaux de recherche scientifique, projets de sites Web en cours d'élaboration, répertoires et annuaires privés… Certains sites peuvent aussi choisir pour différentes raisons, mais parfaitement légales, de rester en dessous du radar des moteurs de recherche.

En marge du réseau planétaire public et de l'Internet profond, se sont développés des réseaux parallèles, dont les échanges sont cryptés afin de garantir l'anonymat à leurs utilisateurs. Ces derniers ne sont d'ailleurs pas tous animés de mauvaises intentions. Cet espace est appelé Dark Web ou darknet. On ne peut s'y aventurer sans prendre quelques précautions importantes : on y accède en utilisant un réseau anonyme qui crypte les données de navigation pour préserver l'anonymat sur l'identité de son utilisateur, mais également sur les données échangées.

Pour brouiller les pistes, les données transitent par des serveurs cryptés, ce qui permet en principe de naviguer sans crainte d'être surveillé ou espionné. « Le Dark Web a été diabolisé après les attentats de 2015, quand on a compris qu'il pouvait être utilisé par les terroristes, mais il demeure un outil fondamental au service des populations pour la défense de leurs libertés : il est au service des dissidents syriens, des homosexuels africains ou des journalistes d'investigation », estime Jean-Philippe Rennard, expert du

Dark Web, professeur à Grenoble à l'École de management et auteur du livre *Darknet, mythes et réalités*.

Impossible d'évaluer précisément l'importance du business dans la face sombre de l'Internet. Selon les différentes études disponibles, le chiffre d'affaires du darknet représenterait quelques dizaines de millions de dollars par mois, alors que les revenus de la cybercriminalité, en général, constitueraient plusieurs milliards de dollars. Par ailleurs, 98,5 % du trafic sur le darknet se fait en direction du Web ouvert et public. Une statistique qui corrobore les travaux des chercheurs de Flashpoint sur les stratégies de communication de certaines organisations comme l'État islamique : diffuser sur le Web ouvert du matériel de propagande et de désinformation élaboré dans le Web caché. Mais selon Jean-Philippe Rennard, ce chiffre tend aussi à prouver qu'une grande partie des individus utilisant les outils d'anonymisation du Dark Web s'en servent en réalité pour accéder à des sites d'information ou des forums de discussion parfaitement légaux, mais prohibés par la censure dans leur pays.

Quelque 6 millions de personnes dans le monde fréquenteraient régulièrement le Web sombre. Cette population peut paraître infime au regard des plus de 4 milliards d'internautes. Mais ce chiffre est en augmentation constante. En 2018, le darknet se composait d'environ 200 000 sites et forums, un univers sans règles ni lois, où tout s'achète, tout s'échange, tout se vend. Les seules limites sont constituées par l'imagination et la créativité des criminels qui s'y retrouvent : pornographie infantile, vente d'armes, trafic de drogues, commerce de numéros de cartes bancaires et d'identités volées… Extrémistes, terroristes ou cyberdélinquants s'y retrouvent secrètement sur des forums pour échanger leurs expériences, proposer leurs services, vendre ou louer des armes et outils de piratage aux plus offrants.

À condition de respecter scrupuleusement les règles et procédures qui leur permettent de rester masqués, ils sont pratiquement assurés de ne pas être pris. Car au milieu de cette jungle digitale, policiers, espions et sociétés de sécurité privées manœuvrent, eux aussi, parfaitement incognito.

Il est évidemment fortement déconseillé de s'aventurer seul et sans expérience dans cet univers impitoyable. Y accéder avec son ordinateur personnel depuis sa box Internet à la maison est la solution la plus simple pour s'attirer un maximum de problèmes. Une multitude de tutoriaux postés sur les réseaux sociaux expliquent dans le détail les différentes étapes à suivre pour faire ses premiers pas dans le Dark Web sans courir trop de risques et éviter de se faire détecter. La check-list est longue. Les plus expérimentés préfèrent se connecter à un réseau WiFi public, dans un restaurant ou bibliothèque, par exemple, pour rester sous le radar. Dans l'idéal, afin de renforcer un peu plus l'anonymat, il est préférable d'utiliser des solutions comme Tails, un système d'exploitation anonymisant et amnésique. Le programme est démarré sur une clé USB ou un

DVD et ne laisse aucune trace sur le disque dur de la machine.

Mais la toute première mesure de prudence consiste évidemment à protéger sa connexion. Les habitués du Dark Web se connectent en utilisant un réseau privé virtuel ou Virtual Private Network (VPN). Il fonctionne comme un tunnel chiffré permettant d'échanger des données entre deux machines distantes. L'utilisateur peut ainsi se connecter à Internet en choisissant la localisation et le serveur de son choix. Ces systèmes sont très utilisés par les entreprises pour garantir la sécurité de leur réseau de communication planétaire. Les particuliers l'utilisent également pour regarder des vidéos en streaming sans contrainte géographique, télécharger des contenus en pair à pair sans crainte d'être pris par les autorités de contrôle, contourner la censure dans certains pays…

Le principal intérêt du VPN pour ceux qui accèdent au Dark Web est d'échapper à la surveillance des services de renseignement – principalement la NSA américaine et ses alliés – qui traquent systématiquement tous ceux qui se connectent au Dark Web.

Et bien sûr, impossible d'accéder au Web sombre sans utiliser une connexion cryptée proposée par différents services comme I2P, Freenet ou TOR, le plus célèbre d'entre eux. TOR, ou The Onion Router, est ainsi nommé car les données qui y transitent sont cryptées plusieurs fois en couches successives, comme les pelures d'un oignon. Le logiciel navigation, qui permet d'accéder au réseau du même nom, est libre et gratuit. Son utilisateur peut ainsi naviguer ou échanger des messages de façon anonyme en échappant à toute surveillance. La connexion y est plus lente que sur l'Internet grand public car elle ne se fait pas directement d'un PC à un site Web, mais rebondit sur plusieurs machines, dans différents pays. Une façon supplémentaire de brouiller les pistes. Ces logiciels sont utilisés par des personnes ou des organisations parfaitement irréprochables : chercheurs, journalistes, associations de protection des libertés et des droits de l'Homme… Mais elle constitue aussi une aubaine pour les organisations criminelles ou terroristes en tout genre.

Ironie du sort, c'est l'armée américaine qui est à l'origine de ce programme, comme c'est le cas pour de nombreuses inventions liées au cyberespace. Dans les années 90, les grosses têtes du Naval Research Laboratory, le laboratoire de recherche de la Navy et du célèbre corps des marines, se sont mises à plancher sur un système de sécurisation des communications des services de renseignement. Le projet a été également financé par la DARPA, l'agence du département américain de la Défense chargée de pousser les recherches dans les domaines des technologies avancées appliquées aux usages militaires. Ses travaux ont notamment jeté les bases du développement d'un Internet civil. Les militaires ont publié TOR sous licence libre en 2006 et laissé le soin aux deux ingénieurs à l'origine du programme, Roger Dingledine et Nick Mathewson, de lancer The Onion Project, le collectif chargé de veiller à la maintenance du programme.

Les militaires de l'armée américaine à l'origine du projet n'imaginaient pas que leur invention permettrait un jour à des criminels de développer leurs combines à l'abri de toute surveillance, tout en minimisant le risque d'être rattrapé par la justice. Depuis 2011, les trafics en tout genre s'y sont développés.

Silk Road est le nom de la plus importante et de la plus ancienne de ces plateformes. Son histoire raconte l'incroyable jeu du chat et de la souris auquel se livrent les cybercriminels et leurs poursuivants. Et comme souvent, dans les polars, les policiers guettent les erreurs des brigands.

Ross Ulbricht a été arrêté par le FBI, le 1er octobre 2013 à San Francisco. Un jeune homme de vingt-neuf ans, en apparence bien sous tous rapports, physicien, surdiplômé, passionné d'informatique et très tenté par l'aventure entrepreneuriale, il s'est laissé un moment tenter par les idées libertariennes prônant le respect des libertés individuelles par-dessus tout et l'intervention minimale de l'État. Ses tentatives pour fonder sa start-up se solderont par des échecs. Voilà en quelques traits le profil que dressent de lui les policiers américains après quelques interrogatoires poussés.

Un garçon tellement normal… Ross Ulbricht a été interpellé dans la Park Branch Library, une petite bibliothèque de quartier, très tranquille, située non loin du Golden Gate Park, dans les quartiers ouest de San Francisco. Il n'avait pas d'intérêt connu pour la littérature, ou les livres en général. Le cybercriminel y appréciait tout particulièrement le calme, la discrétion des gentilles bibliothécaires et la connexion WiFi en très haut débit. Il y avait ses habitudes et s'asseyait toujours avec son ordinateur Samsung, près de la fenêtre, dans la section science-fiction. Depuis ce petit bâtiment municipal décrépi, il dirigeait le plus vaste supermarché de la drogue jamais conçu. Sa plateforme fonctionnait comme un authentique site de commerce électronique, avec son marketing et ses promotions, ses modérateurs, son service après-vente… Directement du producteur au consommateur – ou presque – livré dans votre boîte aux lettres.

Le FBI, la DEA (l'agence américaine de lutte contre les stupéfiants) et les services des douanes étaient sur les dents depuis plusieurs semaines et surveillaient de près leur suspect. Les enquêteurs estimaient alors que plus d'un milliard de dollars de chiffre d'affaires avaient été générés par Silk Road depuis son ouverture, en février 2011. Ross Ulbricht, pour sa part, aurait empoché quelque 80 millions de dollars.

Après deux années de traque, ils avaient enfin réussi à identifier le chef de ce cybergang de dealers de drogue. Et mettre un visage sur ce criminel fantôme qui se faisait surnommer Dread Pirate Roberts, le pirate redouté… En l'interpellant devant son ordinateur, en plein boulot, les policiers voulaient faire coup double : intercepter le pirate en flagrant délit et mettre la main sur les données stockées sur son ordinateur avant que celui-ci n'ait eu le temps de le verrouiller en y cryptant tous son contenu.

Pour ne pas éveiller son attention, les inspecteurs présents sur le terrain ont monté un stratagème digne des meilleurs romans policiers. Une femme et un homme, tous deux membres de l'équipe d'intervention, se sont fait passer pour un couple en pleine dispute. Intrigué par les cris, Ulbricht a détaché l'attention de son ordinateur portable pendant quelques instants, donnant aux forces de l'ordre l'occasion de le neutraliser, tout en préservant l'intégrité de la machine.

Les agents du FBI ont eu l'occasion, par la suite, de raconter plus en détail leur rocambolesque course-poursuite dans le cyberespace, lors du procès d'Ulbricht, en mai 2015, et sa condamnation à la prison à vie. Ils sont en revanche restés très secrets sur la façon dont ils ont localisé les différents serveurs utilisés par le gang dans au moins six pays, notamment la Roumanie et la Lituanie, pour anonymiser leurs communications. Ni comment ils se sont mis en cyberplanque sur le réseau pour comprendre les rouages de l'organisation et mieux la démanteler ensuite.

Cette précaution s'avérera rapidement très utile. Quelques semaines seulement après le démantèlement de la première plateforme, une Silk Road 2.0 a fait son apparition sur le Dark Web, copie conforme de la version originale. Elle sera à son tour démantelée, un an plus tard, au début du mois de novembre 2014, lors de l'opération Onymous, menée par le FBI et les services de police d'une quinzaine de pays européens, dont la France. À l'époque, tous pensaient avoir porté un coup fatal à toute cette racaille du Dark Web.

Des dizaines de serveurs avaient été saisis et 17 personnes avaient été interpellées en Europe et aux États-Unis. Parmi elles, Blake Benthall, *alias* Defcon, considéré comme l'administrateur de la deuxième version de Silk Road. Cet ingénieur de vingt-six ans, ancien salarié de Tesla, avait été arrêté à son domicile, le 6 novembre, dans le quartier branché de Mission, à San Francisco. L'homme est une énigme. Il aurait plaidé coupable des accusations pesant contre lui et aurait ainsi bénéficié d'une réduction de peine significative. Mais on ne sait à peu près rien de ce qu'il est devenu. Il a totalement disparu de la circulation. Selon diverses sources, Blake Benthall ne serait plus en prison. De là à penser qu'il aurait pu collaborer avec les services de police… Une évidence s'est d'ailleurs imposée à la plupart des spécialistes en cybersécurité. Defcon n'était pas le vrai responsable de cette organisation. Le cerveau de toute l'opération serait quant à lui toujours en liberté.

Avec le succès de l'opération Onymous, l'année 2014 s'achevait toutefois sur une formidable note d'espoir pour toutes les équipes combattant les forces du mal dans le cyberespace. En plus de la plateforme

Silk Road 2.0, une vingtaine d'autres sites criminels ont été démantelés durant cette opération. Mais malgré les succès obtenus sur le terrain, les cyber-enquêteurs travaillant sur ces affaires ressentent tous la même impuissance. Tels des Hercules des temps modernes combattant l'Hydre de Lerne, ils peuvent couper autant de têtes qu'ils veulent, dans le Dark Web, elles repousseront plus nombreuses.

Au lendemain de la chute de la deuxième version de Silk Road, les opérateurs d'un obscur site de trafiquants, baptisé Diabolus Market, ont opportunément pris le nom de Silk Road 3.0. La plateforme a définitivement cessé toute activité en 2017. Et cette fois, le FBI et les polices européennes n'y étaient strictement pour rien. Les opérateurs du site, probablement mauvais gestionnaires, ont tout bonnement fait faillite.

Les gloires déchues du Dark Web ont toutes commis des erreurs. Quand on aspire à devenir un baron de la drogue du cyberespace, on ne peut se permettre le moindre écart de conduite. Opérer dans les recoins les plus sombres du Web est un sacerdoce. Et les histoires de Ross Ulbricht et Blake Benthall ont révélé à quel point le travail de la police peut être facilité par l'amateurisme des criminels.

Dans les deux cas, les pirates n'étaient pas des grands spécialistes de la programmation informatique. Ross Ulbricht, en particulier, demandait régulièrement des conseils sur des forums, ou dans le monde réel, à certaines de ses connaissances, qui ont ensuite témoigné contre lui lors de son procès. Monter un site de trafic de drogue dans le Dark Web est une aventure dangereuse et complexe. S'improviser spécialiste en sécurité opérationnelle, en OpSec, comme on dit dans le jargon, pour protéger sa plateforme, effacer les traces et rester sous le radar, est une action suicidaire. Il vaut mieux déléguer et payer grassement ses sous-traitants que de construire soi-même une organisation qui s'effondrera aux premiers coups de boutoir de la police.

Sans compter que réclamer de l'aide à droite, à gauche attire forcément l'attention de personnes honnêtes et bien intentionnées. Et il en existe beaucoup, même sur la face sombre du Web. L'une des grandes erreurs que commettent les criminels qui se font prendre est de ne pas séparer convenablement leurs identités, réelle et cyber. Un pseudo utilisé sur le Dark Web ne suffit pas. Les deux existences doivent être totalement compartimentées.

En œuvrant dans le côté obscur du cyberespace, le criminel mène une vie d'agent double. S'il parle et se confie dans l'un ou l'autre des univers, le cybertrafiquant grille sa couverture. Ce cloisonnement passe évidemment par l'équipement matériel du hacker : l'ordinateur avec lequel il se connecte à son site sur le Dark Web ne peut servir à rien d'autre, sûrement pas à consulter ses courriels ou à naviguer sur le Web public. L'autre grosse bévue commise par les « pirates redoutés » de la route de la soie est d'avoir cru un peu trop à la confidentialité des transactions en cryptomonnaies et du Bitcoin, en particulier.

Le cybercrime dans le darknet a véritablement commencé à prospérer après 2009, avec l'invention du Bitcoin. Les criminels pensaient avoir enfin trouvé l'anonymat parfait : leurs échanges sont fondés sur la confiance et le Bitcoin devait leur permettre de ne laisser quasi aucune trace de leurs transactions. Mais ils se sont vite rendu compte qu'aucune technique, si sophistiquée soit-elle, ne permet de rester totalement invisible.

Leur mode opératoire rappelle une autre pratique séculaire. Le 21 novembre 2016, 450 enquêteurs belges, français et hollandais ont démantelé un important réseau de blanchiment d'argent de la drogue conduisant à l'arrestation de 36 personnes. L'enquête menée durant près de deux ans a révélé un système complexe grâce auquel plus de 300 millions d'euros, produit du trafic de stupéfiant en Europe, ont pu être expédiés vers le Maroc. Mais rien de cyber dans cette affaire. L'argent était transféré *via* le Moyen-Orient grâce à l'Hawala, le système de paiement traditionnel, sans trace physique et reposant entièrement sur la confiance entre les différents agents du réseau.

La mère des monnaies virtuelles ne permet pas l'anonymat. Elle a été conçue au départ comme un grand système ouvert. Elle utilise, par construction, un grand livre public : chaque paiement en Bitcoin est relié dans la Blockchain à une autre transaction.

Pister ces opérations n'est pas une tâche facile, mais un achat ou une vente de Bitcoin réalisé par virement bancaire est un début de piste, qui permet ensuite aux enquêteurs de remonter patiemment un fil de la Blockchain. Et des gros paiements en monnaies virtuelles comme le Bitcoin peuvent être repérés. Il existait pourtant des solutions logicielles pour blanchir ces grosses transactions, les rendre moins facilement traçables, en les mixant avec d'autres pour dissimuler l'origine de la transaction.

Deux développeurs britanniques, Cody Wilson et Amir Taaki, ont été parmi les premiers à développer cette technologie qui promettait d'anonymiser totalement le Bitcoin. Leur projet Dark Wallet a vu le jour au printemps 2014 grâce à un financement participatif de 50 000 dollars réalisé sur la plateforme spécialisée Indiegogo. Les deux hommes sont considérés comme deux codeurs activistes radicaux et se sont fait connaître par des actions spectaculaires. Wilson a créé la première arme à feu entièrement imprimée en 3D. Amir est allé combattre en 2015, pendant un an, au sein des Unités de protection du peuple, dans le Kurdistan syrien.

D'autres initiatives plus mercantiles sont nées à la suite du projet Dark Wallet. La plus réputée, Bitmixer.io, a connu un vrai succès commercial sur le Dark Web et traitait chaque mois des dizaines de milliers de Bitcoins, jusqu'à l'interruption du service, en juillet 2017. Les créateurs de la plateforme ont justifié leur décision en expliquant que le Bitcoin ne pourrait jamais être une monnaie anonyme, quels que soient les efforts entrepris pour brouiller les pistes. Dans un communiqué publié sur leur site, ils ont aussi recommandé à leurs utilisateurs de renoncer au Bitcoin pour privilégier d'autres cryptomonnaies comme zcash ou dash. Toutes deux ont été structurellement conçues pour garantir l'anonymat à leurs utilisateurs.

Trop bavards, trop imprudents, trop amateurs… Les administrateurs de la Silk Road ont payé cher pour avoir négligé toutes ces règles de base. À leur suite, d'autres gangsters du Dark Web ont été piégés par leur propre légèreté.

Au mois de juin 2017, une opération internationale impliquant plusieurs agences américaines, Europol et des services de pays européens – dont la France – a permis de démanteler le plus grand supermarché du crime sur le Dark Web. Au moment de sa fermeture, AlphaBay proposait, à la vente ou la location, quelque 369 000 références de produits ou de services variés – vingt fois plus que la première Silk Road. Méthamphétamines, héroïne, cocaïne… Le site offrait évidemment une large palette de stupéfiants, mais aussi une gamme très complète d'armes de guerre, de proposition de services de hackers… L'administrateur d'AlphaBay, Alexandre Cazes, un Canadien âgé de vingt-six ans au moment de son interpellation, s'était installé avec son épouse en Thaïlande. Grâce aux commissions de 2 % à 4 %

qu'il prélevait sur chaque transaction, il avait accumulé une petite fortune évaluée par les enquêteurs à 23 millions de dollars et possédait une impressionnante collection de voitures de sport, des propriétés dans les paradis fiscaux et même un hôtel, en Thaïlande.

Le trafiquant s'est trahi lui-même en commettant une erreur de débutant. Lors de la création d'AlphaBay, à la fin 2014, il envoyait un courriel de bienvenue avec son adresse personnelle : pimp_alex_91@hotmail.com. Un compte qu'il avait également utilisé, par le passé, dans des discussions sur des forums, au cours desquelles il avait dévoilé sa véritable identité. A-t-il simplement oublié que cette adresse mail était corrompue ou a-t-il fait l'erreur de sous-estimer la persévérance des cyberdétectives ? Alexandre Cazes a été interpellé par la police thaïlandaise le 5 juillet 2017. Une semaine plus tard, il était retrouvé pendu dans sa cellule.

L'année 2017 a été fatale pour les trafiquants du Dark Web. La collaboration européenne, encore imparfaite sur ces sujets, est le fruit d'un long travail mené depuis une vingtaine d'années au sein d'Europol. L'incrimination commune et les habitudes prises en matière de coopération transfrontalière ont joué un rôle déterminant pour certaines affaires récentes. À la tête de l'unité néerlandaise contre le crime hightech, Gert Ras parle même d'une « collaboration poussée » dans le domaine judiciaire entre l'Allemagne, la France, les Pays-Bas et le Royaume-Uni.

En mai 2017, cette coopération interservices a permis à son équipe d'une quarantaine d'enquêteurs spécialisés de porter un coup décisif à une autre organisation de cybercriminels. Durant tout un mois, ils ont ainsi pris le contrôle de Hansa, la troisième plus grande place de marché du crime installée dans les affres du réseau mondial : armes, drogues, numéros de cartes de crédit ou de comptes Neflix volés, produits chimiques toxiques… La plateforme offrait un sinistre inventaire de choses légalement interdites à la vente. Après l'arrestation discrète des deux fondateurs – deux Allemands âgés d'une trentaine d'années – la police néerlandaise a pu secrètement administrer le dispositif clandestin durant quatre semaines, en se faisant passer pour les trafiquants. Elle a pu ainsi étudier les techniques des cyber malfrats et aider à procéder à d'autres interpellations en Europe, avant la fermeture définitive de Hansa.

Après cette opération réussie, menée conjointement avec d'autres services européens et la collaboration de sociétés de cybersécurité privées, Gert Ras a largement communiqué sur l'affaire, s'en servant comme d'un outil d'intimidation et de dissuasion contre les candidats aux trafics dans la face sombre du Web. Certains ont apparemment mal compris la leçon.

Le 31 août 2017, un Franco-Israélien de trente-cinq ans, Gal Vallerius, a été arrêté à l'aéroport d'Atlanta où il était en transit pour Austin, Texas. Il devait y participer à un concours de barbes et moustache. Mais ce n'est pas pour ses obsessions capillaires que ce Breton a été interpellé. En fouillant son ordinateur, la police américaine a découvert les identifiants et mots de passe d'OxyMonster, le principal animateur de Dream Market, un site de vente de stupéfiants apparu sur le Dark Web à la fin 2013.

Curieux personnage que ce Gal Vallerius. Les 548 habitants de la tranquille bourgade de Plusquellec, dans les Côtes-d'Armor, ont eu un sacré choc en apprenant que leur discret voisin était en réalité un baron de la drogue sur Internet. Il roulait en Twingo et en Harley Davidson, voyageait beaucoup et racontait qu'il avait une maison en Crète. Il disait que son grand-père avait inventé le stylo-bille…

En fouillant l'ordinateur de Gal Vallerius, les policiers américains ont également découvert un porte-monnaie électronique contenant l'équivalent de 500 000 dollars en Bitcoins. Comme à leur habitude, les enquêteurs ont donné un minimum d'indices sur les éléments qui leur ont permis de remonter la trace de l'administrateur et modérateur de Dream Market. Ils détenaient en tout cas suffisamment de preuves pour cueillir le suspect à sa descente d'avion. Car dans la check-list de toutes les bêtises à ne surtout jamais commettre lorsque l'on trafique sur le Dark Web, le pirate breton n'a oublié aucune étape.

La première erreur est d'avoir stocké son portefeuille de Bitcoins sur son ordinateur. La deuxième est d'avoir utilisé le même PC pour gérer son supermarché de la drogue et pour y effectuer toutes les tâches de la vie courante : e-mail, navigation sur le Web public… Troisième faute grave : avoir mis les pieds sur le sol américain avec cette machine infestée d'indices de sa compromission alors que Washington s'est lancé dans une guerre sans pitié contre les trafics de drogue. Pour ne rien arranger, Gal Vallerius a commis la maladresse de jouer les activistes sur les réseaux sociaux… Une activité intense qu'il a brutalement interrompue lorsqu'il a soupçonné qu'il était surveillé par les services de police. Loin d'endormir les enquêteurs, ce brusque changement de comportement a, au contraire, déclenché des alarmes. L'une des techniques de surveillance du Dark Web repose sur la théorie des réseaux sociaux : les agents regardent la dynamique de ces réseaux et des individus qui les composent. Ils détectent ainsi les plus forts connecteurs – ceux qui ont le plus de connexions avec les autres sur Twitter, Facebook ou même *via* e-mail.

Bon nombre de services de police et de sociétés de cybersécurité ont tendance aujourd'hui à utiliser cette méthode qui s'oppose à la surveillance de masse, privilégiée par la NSA depuis les attentats du 11 septembre 2001. La stratégie de l'agence américaine a alors changé du tout au tout. Dans les années 90, l'une de ses équipes de chercheurs, emmenée par le directeur technique de l'organisation, William Binney, avait mené un projet de surveillance ciblée utilisant des méthodes variées allant de la mise sur écoutes à la récolte d'informations sur Internet. Particularité du programme ThinThread : il respectait la vie privée des citoyens américains. Ces travaux ont été mis de côté, en 2002, par Michael Hayden, qui dirigeait alors l'agence de renseignement.

Changement de cap et de philosophie avec le projet TrailBlazer, qui privilégiait la surveillance de masse au détriment du droit à l'intimité des gens. Cette rupture a poussé William Binney à la démission. L'ancien directeur technique de la NSA est devenu lanceur d'alerte. « Jamais nous n'avons réussi à identifier un terroriste et à empêcher un attentat grâce à la surveillance de masse », affirme Jean-Philippe Rennard. De fait, tous les trafiquants du Dark Web qui ont pu être interpellés ont été identifiés et traqués par les services de police et les chercheurs des sociétés de cybersécurité grâce à des techniques d'investigation finalement assez classiques : planque, infiltration, interpellation.

À ce jeu du chat et de la souris, les plus habiles ne sont pas les dealers de drogue mais les places de marché spécialisées dans le commerce de virus et malwares en tout genre. La plateforme russe xDedic nargue ainsi les chasseurs de hackers depuis près de quatre ans en offrant à la location ou à la vente une large gamme de services et de produits de piratage. Virus, chevaux de Troie, logiciels espions, failles de sécurité dans les systèmes de banques ou de casinos…

Elle met également à disposition ses botnets, des réseaux de machines zombies – des dizaines voire des centaines de milliers d'ordinateurs infectés à l'insu de leurs propriétaires – dont les pirates peuvent prendre le contrôle à distance pour lancer leurs attaques. Autant s'offrir ce qui se fait de meilleur et préférer un méga réseau de bots comprenant plusieurs millions de machines infectées, comme Necurs. Réputé le plus gros du monde, il rassemble quelque 6 millions de machines infectées. Les experts en cybersécurité redoutent à présent les nouvelles générations de botnets composés de millions d'objets connectés dépourvus de protection.

Jérôme Segura observe des similitudes troublantes entre le mode opératoire de ces cybercriminels et celui des gangs mafieux des années 1930. Dans une étude intitulée « La nouvelle mafia : gangs et justiciers », ce chercheur, consultant pour la société californienne Malwarebytes, pointe les ressemblances dans le fonctionnement de ces organisations qui opèrent dans une clandestinité complète selon un schéma de spécialisation des tâches. Cela se vérifie tout particulièrement pour ces supermarchés de la menace informatique.

Avant d'être dispersé sur les réseaux, le virus subit un véritable contrôle qualité de la part de ses concepteurs. Son code est partagé de façon privée entre les pirates qui s'assurent que le produit final sera optimal. Le créateur du programme malicieux est rarement celui qui se chargera de sa propagation.

Il revend le plus souvent sa trouvaille à une organisation qui la propose en kit, sous la forme d'abonnements, avec système de mise à jour, support technique… À charge pour l'acheteur de ce programme malveillant de trouver la bonne logistique pour la distribution massive du virus *via* des botnets.

La plupart de ces acteurs se focalisent sur le code et préfèrent ne pas avoir de contact avec les victimes. « Il y a beaucoup de méfiance dans ce milieu, la plupart des individus préfèrent travailler seul », explique Jérôme Segura. Parfois, des intermédiaires agissent pour faciliter les transactions sur des forums du Dark Web. Un nouvel entrant est immédiatement suspect, les relations sont fondées sur des années de collaboration, de confiance et de discrétion. La notoriété est le pire ennemi d'un pirate. Il entre alors dans le radar des forces de l'ordre, prend le risque d'être dénoncé. Les pirates célèbres finissent mal, en général.

Ils restent donc dans l'ombre, invisibles, paranoïaques. « On ne vient pas en observateur sur le Dark Web, la contribution de chacun est évaluée et ceux qui ne se montrent pas suffisamment actifs sont éjectés », raconte Philippe Gaillard, l'un des meilleurs spécialistes français en cybersécurité, et très bon connaisseur du Dark Web.

Leroy Terrelonge III a réussi à se faire accepter dans ces communautés sous une fausse identité. Ce spécialiste des cultures du Moyen-Orient n'a absolument aucune formation en informatique, mais il parle couramment six langues : le farsi et l'arabe, grâce à ses études mais aussi le russe et le kazakh, qu'il a appris lors d'un séjour à Almaty, ancienne capitale de l'ex-République soviétique. Ce jeune Américain parle également un français impeccable.

En 2003, alors qu'il poursuit ses études à Harvard, il est recruté pas la NSA. Il y restera durant huit ans, avant de rejoindre Flashpoint, dont il est aujourd'hui le directeur des opérations et du renseignement. Ses spécialités : l'infiltration de communautés dans les forums du Web sombre et l'identification de sources. Ses clients sont des États ou de grandes entreprises. Il tente de relier les avatars de cybercriminels avec les campagnes de virus ou de malwares lancées depuis le Dark Web. « Ces communautés sont difficiles à pénétrer, il faut le mériter, construire une stratégie », explique-t-il. Son emploi du temps et celui de ses équipes varient en fonction de la situation des groupes qu'ils surveillent en Russie, en Iran ou en Corée du Nord. Car les pirates ont des rythmes de travail de gens ordinaires, raconte-t-il. Ils embauchent à 9 heures du matin et quittent le travail à 18 heures, font une pause le week-end et partent en vacances.

Les propriétaires de ces supermarchés du crime reprennent pratiquement les mêmes codes que sur les sites d'e-commerce avec leurs offres spéciales, leurs services après-vente et même des systèmes de notation : les vendeurs sont évalués par les clients pour leur fiabilité, la qualité de leurs produits, la rapidité de la livraison…

Les équipes de Leroy Terrelonge III passent leurs journées et leurs nuits à infiltrer ces forums de hackers, détecter les signaux faibles, identifier et anticiper les risques d'attaque, pour les remonter à leurs clients et leur permettre de se protéger. Car la plupart des entreprises sont elles aussi sur les dents. Les attaques visant les grandes organisations sont souvent secrètes et, pour beaucoup, elles ne sont pas détectées avant plusieurs mois, voire plusieurs années. Ces menaces de type Advanced Persistant Threat (APT), n'ont pas pour objectif de causer des dégâts mais au contraire de rester le plus discrètes possible afin de ne pas déclencher l'alerte et d'espionner dans la durée une société ou un gouvernement, d'exfiltrer des informations sensibles et de tenter de les revendre ensuite sur le Dark Web à des parties intéressées : concurrents, États, gangs mafieux… « Nous avons mis en place un service de veille qui scrute en permanence le darknet pour surveiller ce qui se dit sur nous », raconte Olivier Ligneul, le patron de la sécurité des systèmes d'information du groupe EDF.

Grandes entreprises et sociétés spécialisées travaillent régulièrement avec les équipes gouvernementales, notamment les hommes du colonel Éric Freyssinet. À la tête de la Mission numérique de la gendarmerie nationale, celui-ci scrute depuis des années les habitudes de ces cyberdélinquants, avec son équipe de 270 enquêteurs : « Ces hackers se rencontrent et se forment en ligne. Ils se rendent des services, mettent à disposition leurs infrastructures, et échangent leur savoir-faire... », observe-t-il. Les trafiquants disposent ainsi de services de blanchiment d'argent ou de *money mules*, des techniques consistant à transférer de l'argent sale par des moyens humains ou électroniques. « C'est un environnement très mouvant, explique le colonel, les choses que nous observons ont une durée de vie très courte, parfois de quelques heures. »

L'une des évolutions les plus inquiétantes observées sur la période récente par les services de police concerne les vols d'identité. Le Dark Web est devenu la place d'échange privilégiée entre hackers et fraudeurs pour le commerce d'identités volées et de données personnelles. Cette fameuse data vaut aujourd'hui de l'or : le modèle économique de géants de l'Internet comme Google ou Facebook, qui comptent parmi les plus grosses capitalisations boursières mondiales, est fondé sur la collecte et la revente d'informations très ciblées sur leurs utilisateurs.

Il est possible de construire le profil très détaillé d'un internaute rien qu'en étudiant les métadonnées enregistrées dans son logiciel de navigation. Ce travail d'analyse et d'exploitation d'informations privées réalisé, en principe, avec le consentement des internautes est parfaitement légal.

Les données récupérées illégalement par des cyberdélinquants valent encore plus cher. Mais toutes les informations n'ont pas la même valeur sur ces grandes places de marché du big data. Ces escroqueries sont en forte augmentation depuis quelques années. Aux États-Unis, près de 17 millions de personnes se sont fait usurper leur identité numérique en 2017, un chiffre en augmentation de 8 % par rapport à l'année précédente, selon le cabinet américain Javelin Strategy & Research. Et ces fraudes ont entraîné une perte totale de près de 17 milliards de dollars à leurs victimes.

Les techniques des hackers pour récupérer ces informations sensibles sont très variées : l'hameçonnage *via* courriels ou le smishing *via* SMS sont très populaires, mais les arnaqueurs procèdent aussi via les réseaux sociaux ou tout bonnement par téléphone. Pour un rendement optimal, rien ne vaut une belle grosse attaque contre des sociétés possédant des identités numériques par millions : de Yahoo à Uber, en passant par le site de rencontres américain Ashley Madison, les piratages visant les bases d'abonnés des plus grands sites Internet ont permis aux hackers de subtiliser des paquets d'informations précieuses qui peuvent se monnayer très cher sur les sites spécialisés du Dark Web.

Et soyez-en sûrs, rien ne se perd dans vos données personnelles. Tout se récupère et tout se monnaye. « Un numéro de carte bancaire ne vaut plus grand-chose aujourd'hui, explique Michel van den Berghe, directeur général d'Orange Cyberdéfense. Ce que cherchent les criminels sur le Dark Web, ce sont des identités numériques validées. » En avril 2018, l'entreprise irlandaise Experian spécialisée dans le risque crédit a publié une étude très détaillée sur le sujet.

En fouillant les forums et les sites marchands, elle a pu établir une liste de prix assez fiable pour chaque type de données. Tout en bas de l'échelle, un numéro de sécurité sociale peut être revendu 1 dollar sur une place de marché de la face sombre du Web, tout comme un identifiant pour accéder à un service d'information ou une administration quelconque. Un numéro de carte de crédit sans le numéro CVV – les trois chiffres au dos de la carte – ne vaut rien. Avec le précieux code, le prix de vente tourne alors autour de 5 dollars. Mais le tarif grimpe très vite, si le hacker peut offrir toutes les informations autour de la carte et de son détenteur – « fullz info », disent les experts. Les cybercriminels ont connu de grosses contrariétés ces dernières années avec l'adoption progressive de la carte à puce par le consommateur américain, un support beaucoup plus difficile à falsifier qu'une simple carte à bande magnétique.

Les pirates informatiques étant pris eux aussi dans une logique infernale de productivité et de rentabilité, ils ont été contraints de monter en gamme et d'adopter des techniques plus sophistiquées. Ils se construisent désormais de fausses identités digitales en mettant la main sur un véritable package d'informations comprenant le nom et la date de naissance de la victime, son adresse, ses numéros de comptes bancaires… mais il faut alors compter entre 30 et 100 dollars. Et la liste est très longue de tout ce que le consommateur citoyen laisse en ligne, volontairement ou non, et qui constitue autant de sources de revenus pour les escrocs en tout genre. Il faut compter 20 dollars pour les données d'un compte de fidélité, quelques centaines de dollars pour un diplôme, jusqu'à 2 000 dollars pour un passeport. On trouve absolument de tout, jusqu'aux informations d'un dossier médical, qui peuvent se négocier autour de 1 000 dollars.

Les prix de ces données varient beaucoup en fonction de l'offre et de la demande. Un paquet d'information autour d'un numéro de carte bancaire sera d'autant mieux valorisé si les comptes bancaires qui y sont associés sont abondamment fournis. Autre paramètre important : le potentiel de réutilisation de la data volée. Plus l'on peut s'en servir dans le temps, plus grande sera sa valeur. Et les cybercriminels sont de plus en plus habiles à ce petit jeu. Les informations dérobées et revendues sur le Dark Web ne sont pas forcément mises en œuvre tout de suite, histoire de ne pas éveiller l'attention. Selon l'étude du cabinet Javelin Strategy & Research, le nombre de fraudes ayant été commises avec des données subtilisées deux à six ans plus tôt a été multiplié par quatre entre 2013 et 2017. Preuve que les règles essentielles de sécurité pour protéger ses données personnelles et sa vie privée ne sont pas toujours respectées.

Il suffit pourtant de peu de choses : choisir des mots de passe complexes en y mélangeant des majuscules, des minuscules, des chiffres, des signes de ponctuation… les changer souvent, ne pas utiliser les mêmes sésames sur plusieurs sites ou services. Et bien sûr, ne jamais exposer publiquement ces informations. Il est de plus en plus simple pour les pirates de mettre la main sur les informations les plus intimes de nos existences, autant ne pas leur faciliter le travail en les rendant accessibles et utilisables indéfiniment. Et les laisser transformer nos vies réelles en cauchemar.

CHAPITRE 9

LES ELDORADOS DU CYBERCRIME

« Nous ne devons plus être au Kansas, qu'en penses-tu ? »

Dorothée – *Le Magicien d'Oz*

Un peu plus d'un mois après sa nomination à la tête du FBI, David Bowdich a fait une intervention publique très remarquée. Le 23 mars 2018, le premier flic des États-Unis a donné des détails sur la mise en accusation, par le département de la Justice, de neuf ressortissants iraniens dans ce qui pourrait bien être la plus grande cyberattaque jamais lancée contre des organisations américaines.

Tous les accusés font partie de la même entité : le Mabna Institute, une structure privée installée dans les faubourgs de Téhéran. Selon les enquêteurs américains, l'entreprise, fondée en 2013 par Gholamreza Rafatnejad et Ehsan Mohammadi, deux des accusés, travaillait pour des sociétés privées mais aussi pour diverses structures du gouvernement iranien, notamment le Corps des gardiens de la révolution islamique, chargé des missions de renseignement. La mission du Mabna Institute, selon le FBI, était d'aider les universités et centres de recherche iraniens, à acquérir des ressources à l'étranger. Et l'équipe a fait du bon boulot.

En l'espace de quatre ans, le groupe de hackers aurait mené une vaste campagne d'intrusion et serait parvenu à pénétrer les systèmes d'information de 144 universités américaines et 176 autres sites universitaires dans 21 pays : Allemagne, Australie, Canada, Chine, Corée du Sud, Danemark, Espagne, Finlande, Irlande, Israël, Italie, Japon, Malaisie, Norvège, Pays-Bas, Pologne, Royaume-Uni, Singapour, Suède, Suisse et Turquie.

Les pirates iraniens auraient ainsi dérobé quelque 31 térabytes de données, un volume comparable à 5 700 films en haute définition. Mais dans cette affaire, les contenus subtilisés n'avaient rien de divertissant : résultats de travaux de recherche, journaux académiques, thèses, projets de brevets, échanges de courriers électroniques entre plus de 8 000 chercheurs à travers le monde… La campagne de piratage était extrêmement ciblée. Parmi les organismes de recherche visés par l'attaque figurait le laboratoire national de Los Alamos, fondé en 1943 en plein désert du Nouveau-Mexique pour fabriquer la première bombe atomique américaine et qui se classe aujourd'hui parmi les plus grands centres de recherche au monde.

C'est donc très logiquement que la cyberattaque menée par le groupe iranien a été baptisée Silent Librarian – « le bibliothécaire silencieux » – par les chercheurs en cybersécurité responsables de sa découverte : PhishLabs, une société américaine établie à Charleston en Caroline du Sud. L'équipe est spécialisée dans la détection d'attaques exploitant des vulnérabilités humaines, comme le phishing, qui consiste à duper une victime pour l'inciter à cliquer sur un lien hypertexte qui le renverra sur un faux site Web ou à ouvrir directement une pièce jointe afin d'installer un code qui compromettra les données stockées sur son ordinateur ou son smartphone. Les experts de PhishLabs ont détecté cette campagne à la fin 2017 et ont partagé leurs trouvailles avec le FBI au début 2018.

Dans le cas du bibliothécaire silencieux, l'attaque était du type spear phishing : à la différence de ces vastes campagnes où des millions de courriels piégés sont envoyés sans distinction avec une probabilité de réussite incertaine, cette méthode du spear phishing consiste à envoyer son message leurre vers des profils très ciblés. La technique des hackers était particulièrement sophistiquée, comme l'a expliqué à la presse américaine Crane Hassold, l'un des dirigeants de PhishLabs et ancien analyste du FBI : ces messages étaient très réalistes, l'orthographe et la grammaire étaient impeccables, le sujet était pertinent. Pour leurs destinataires, il était difficile de ne pas tomber dans le panneau.

Pour les experts américains, l'opération Silent Librarian démontre que les hackers iraniens ont appris très correctement leurs leçons. Et qu'ils tiennent désormais leur place dans le club des cyber-nations disposant de moyens humains et techniques potentiellement dommageables. Deux ans plus tôt, jour pour jour, avant cette affaire, le département de la Justice américain avait également mis en accusation sept ingénieurs informatiques iraniens pour leur implication présumée dans une série d'attaques visant les 46 plus grandes institutions financières américaines établies dans l'agglomération de New York. Âgés de vingt-trois à trente-sept ans, les sept hackers travaillaient pour deux entreprises iraniennes localisées à Téhéran, ITSecTeam et Mersad. Dans cette précédente campagne, les pirates iraniens ont eu recours à une méthode plus radicale : le déni de service, une attaque qui a pour but de rendre indisponible un service, un site Web.

Avec ces deux opérations réalisées en l'espace de deux ans, les Iraniens ont prouvé qu'ils étaient efficaces dans tous les compartiments de jeu. Et les trois groupes iraniens et leurs 16 hackers de haut vol apparaissent donc désormais dans la liste des 40 *Cybers Most Wanted*, les « pirates les plus recherchés » par le FBI.

Ce catalogue offre une intéressante radioscopie de la géographie planétaire de la cybercriminalité vue depuis les États-Unis. Car cette menace n'est pas aussi diffuse et évanescente qu'elle n'y paraît. Certes, le cyberespace gomme les frontières et permet des collaborations entre hackers à l'échelle planétaire, mais certains pays se montrent beaucoup plus actifs que d'autres. Dans sa liste de cybercriminels, la police fédérale américaine inclut également cinq militaires chinois de l'Armée populaire de libération, membre de l'unité 61398, chargée des missions de cyberespionnage. On y trouve aussi des officiers du FSB, les services de sécurité russes.

Dans la grande confraternité des hackers une forme de hiérarchie s'est naturellement installée. « Les Russes restent aujourd'hui parmi les meilleurs au monde, estime l'Américain Brian Bartholomew, chercheur au Kaspersky Lab. Ils ont vingt-sept années d'expérience dans le domaine du hacking, ils sont à la pointe de toutes les technologies et ils mettent des moyens : ils utilisent, par exemple, des satellites pour exfiltrer les informations qu'ils ont collectées pour ne pas être détectés. »

Chine, Iran, Russie, Corée du Nord… sur Internet, Washington retrouve ses bons vieux ennemis du monde réel.

Dessinée à Moscou ou à Pékin, cette cartographie des groupes militaires ou paramilitaires sponsorisés par des États prendrait un tout autre aspect. Les États-Unis et Israël y figureraient en rouge vif et des bandes de hackers de la NSA et de l'unité 8200 de Tsahal seraient fichées par les services de sécurité parmi les criminels les plus recherchés. L'Europe y apparaîtrait de manière très éclatée avec des groupes britanniques inféodés à Washington et des opérations plus ou moins concertées entre des entités françaises et allemandes.

Il existe une autre géographie du cybercrime, celles des bandes organisées, parfois de type mafieux, qui peuvent opérer de manière décentralisée, mais fonctionnent encore souvent à partir de leur base territoriale d'origine. Chacun son style et son type d'actions. Car en y regardant de près, l'art du piratage est aussi une question de culture et d'éducation.

Avec son équipe de spécialistes, le colonel Éric Freyssinet, chef de la mission numérique de la gendarmerie nationale, a établi une sorte de grand schéma des menaces en Europe. Selon lui, une attaque vient presque à tous les coups de l'étranger lorsqu'elle ne comprend pas de dimension physique comme dans les affaires de skimming – cette technique consistant à dérober des numéros de carte de crédit en utilisant un petit lecteur *ad hoc* à proximité de commerces ou de distributeurs de billets. Ce genre d'arnaques nécessite évidemment la présence physique du voleur. Mais dans l'immense majorité des cas, les cyberattaques peuvent survenir de n'importe quel endroit du monde.

Le réflexe de tout bon hacker est de s'installer dans un endroit où il pense être à l'abri de toute poursuite. Cet impératif a parfois donné lieu à des implantations pour le moins baroques. C'est ainsi qu'il y a quelques années, plus de la moitié du trafic de spam provenait des réserves indiennes, aux États-Unis. Ces quelque 310 territoires spéciaux sont en possession de tous les attributs de la souveraineté et sont réglementés par leurs propres lois et règlements.

Alors que les casinos sont interdits aux États-Unis – en dehors de Las Vegas et Atlantic City –, ils sont autorisés dans les réserves depuis 1988. Et les serveurs installés dans les caves de ces établissements n'ont visiblement pas servi qu'à gérer les dépôts et retraits de leurs clients…

Des bandes de hackers se sont également installées sur des navires cargos abandonnés dans les eaux internationales ou des plateformes pétrolières désaffectées. C'est ainsi que Sealand, une ancienne plateforme de l'armée britannique, installée à quelques miles des côtes anglaises, a connu un regain d'activité, au début des années 2000, avec l'installation d'une communauté libertaire. Celle-ci rêvait de transformer l'endroit en vaste centre d'hébergement de données, où ses clients, moyennant finance, pourraient stocker leurs datas à volonté sans crainte d'être embêtés par les autorités. Michael Bates et Ryan Lackey pensaient alors concevoir le système ultime de protection de la vie privée sur Internet, en étant bien conscients que leurs serveurs abriteraient des services de téléchargement illégal de musique, très populaires à cette époque. La petite communauté libertaire n'a pas survécu longtemps à l'explosion de la bulle Internet. Le modèle du hacking off-shore semble avoir vécu.

Les hackers recherchent à tout prix l'anonymat et la clandestinité, mais ils ne sont pas sauvages au point de s'installer sur un vieux rafiot pendant des mois pour accomplir leur besogne. Ils évoluent donc sur la terre ferme, mènent souvent une vie sociale normale et disposent de tous les moyens et astuces techniques pour préserver leur anonymat, grâce à Internet et au Dark Web, sans avoir à s'exiler en haute mer ou dans une réserve indienne. Mais leur lieu de résidence n'est jamais anodin. Chaque région du globe affiche en effet ses spécialités.

Dans le domaine des fraudes financières et bancaires sur Internet, par exemple, les meilleurs experts se trouvent en Ukraine, en Russie, en Biélorussie ou en Géorgie. Les anciens satellites de l'empire soviétique se montrent extrêmement actifs dans ces domaines et leurs hackers sont considérés comme les meilleurs au monde. Mais ils ne sont pas pour autant intraçables et intouchables…

La coopération entre les États sur les sujets de cybercriminalité s'est considérablement améliorée depuis l'entrée en vigueur de la Convention de Budapest, en 2004, un document rédigé par les membres du Conseil de l'Europe pour renforcer la collaboration entre les services des différents pays membres et améliorer leurs techniques d'investigation. En juin 2018, 57 pays avaient ratifié ce traité qui constitue à ce jour le seul instrument international sur les infractions pénales commises *via* Internet ou d'autres systèmes informatiques. Il traite d'une très grande variété de crimes et délits, depuis la violation des droits d'auteur sur Internet à la diffusion de contenus pornographiques infantiles.

Pour le général Watin-Augouard, qui dirige le centre de recherche de l'École des officiers de la gendarmerie nationale, tous les pays qui n'ont pas signé la Convention de Budapest sur la cybercriminalité sont hautement suspects. Ils sont logiquement très prisés des gangs de hackers, qui y reçoivent un soutien officieux des autorités. Ces organisations mafieuses s'installent dans ces États de cybernon-droit, espérant rester hors de portée des services de police. « Ces gouvernements ferment les yeux et les laissent faire en échange de quelques services », observe Guillaume Poupard, le patron de L'Agence nationale de sécurité des systèmes d'information (ANSSI). Mais les communications ne sont pas totalement coupées avec ces États.

Après l'explosion de l'Union soviétique, la Biélorussie et devenue un véritable paradis pour les pirates informatiques. Minsk s'est toujours abstenu de signer l'accord international, et sa jeunesse, très bien formée, a trouvé dans le vol de données bancaires un moyen facile de gagner rapidement de l'argent. Au cours des dernières années, les autorités ont tenté de ramener ces jeunes délinquants dans le droit chemin en créant des zones d'activité où les entreprises pourraient trouver des développeurs très bien formés à des prix raisonnables. Tous ne se sont pas laissé convaincre de pratiquer leur art du code dans la légalité et le pays reste une importante plaque tournante du cybercrime. Mais les services de sûreté biélorusses acceptent parfois de faire le ménage et d'apporter leur soutien à des opérations internationales de police. Surtout quand on ne leur laisse pas vraiment le choix…

Le 4 décembre 2017 elles ont procédé à l'une des plus importantes interpellations jamais réalisées dans l'univers de la cybercriminalité. Sergey Grigorievitch Yaretz, trente-trois ans, était officiellement directeur technique de TRK Televid, une chaîne de télévision locale située à Retchytsa, deuxième ville du pays peuplée de 65 000 habitants, située dans l'est de la Biélorussie. Europol, les services de police allemands et le FBI l'avaient identifié comme la tête pensante et le chef d'orchestre d'un vaste réseau baptisé Andromeda, qu'il opérait sous le pseudonyme Ar3rs. Le hacker avait réussi à pirater quelque 2 millions de machines dans le monde entier, transformées en un gigantesque botnet.

La plateforme était un véritable service de virus et malware en kit. Moyennant le paiement de 150 à 250 dollars, il était possible de personnaliser son propre malware et de lancer différents types d'attaques. Sergey Yaretz avait tranquillement construit son business au cours des six dernières années.

Un peu plus au Nord, les États baltes disposent également d'un important vivier de jeunes talents dans le domaine de la fraude électronique. En juillet 2015, la police lettone a pris une part importante dans le démantèlement de Darkode, l'un des plus gros forums de hackers. Opérationnelle depuis 2009, la plateforme comprenait environ 300 pirates du monde entier, qui s'en servaient pour échanger des malwares, des botnets, des numéros de cartes de crédit volés, différents outils logiciels en kit pour mener des opérations criminelles sur Internet. L'opération menée en collaboration avec le FBI et Europol a conduit à l'arrestation de 28 personnes.

La Lettonie est notamment réputée pour le savoir-faire de ses hackers dans les domaines de la fraude et de la contrefaçon. Ils sont particulièrement doués pour écouler des copies de toutes sortes : des pièces détachées dans le secteur automobile par exemple. Les objets contrefaits sont revendus *via* de faux sites Web très bien conçus.

La Roumanie a été parmi les tout premiers pays à signer la convention de Budapest, dès 2004. Et pourtant, même après cet engagement symbolique très fort, elle est restée au centre de l'échiquier planétaire des cybermenaces. Pour comprendre le phénomène, il faut se transporter à Râmnicu Vâlcea, à 180 kilomètres au nord de la capitale, Bucarest, au pied des Carpates. Le 11 août 1999, cette bourgade de près de 120 000 habitants a été le centre d'une éclipse solaire totale. Durant quelques minutes, au beau milieu de la journée, ses habitants ont été plongés dans le noir complet. Un juste et naturel retour des choses ? En temps normal, ce sont plutôt les citoyens de Râmnicu Vâlcea qui ont tendance à semer le chaos. Dans une étude publiée en 2015, la société américaine de cybersécurité Norton a qualifié la cité de « ville la plus dangereuse du cyberespace ». Auparavant, d'autres l'avaient tout simplement rebaptisée Hackersville.

Après les décennies de dictature de l'ère Ceauşescu, et le lent déclin de l'industrie chimique qui a longtemps fait vivre les familles de ce coin perdu de Transylvanie, la ville est devenue, à partir du début des années 2000, le haut lieu des cyberarnaques, ce que personne ne peut s'expliquer. Ses techniques plus ou moins sophistiquées consistant à entreprendre des gogos sur Internet, *via* des courriers électroniques et de faux sites Web, pour leur soutirer de l'argent. L'université de la ville possède certes un département de sciences informatiques, mais sa réputation ne semble pas dépasser le périmètre provincial. Dans la mythologie locale, tout aurait commencé par une annonce postée sur un site Web pour des téléphones mobiles à des prix défiant toute concurrence et des consommateurs américains tombant dans le panneau en payant la marchandise fantôme avec leurs cartes de crédit.

L'ancienne cité industrielle a perdu ses usines chimiques et s'est du même coup libérée de son inquiétant nuage de pollution. Les arnaques sur Internet sont devenues son principal business. Aidée et poussée par le FBI, qui possède un agent local sur place, la police roumaine a régulièrement tenté de mettre de l'ordre. Sur le plan national, le gouvernement a également pris des mesures, depuis une quinzaine d'années, censées ramener les hackers dans la légalité, comme l'exemption fiscale pour les développeurs et des aides importantes pour les entreprises étrangères faisant appel à la main-d'œuvre locale.

De fait, de nombreuses sociétés américaines du secteur high-tech sont aujourd'hui présentes dans la région. Mais dans les rues de Râmnicu Vâlcea, les Porsche et Mercedes dernier cri continuent de défiler, moteur hurlant. Et les gamins qui sont au volant gagnent visiblement un peu plus que la paye moyenne d'un jeune développeur.

La Roumanie est le repaire de quelques célébrités du cybercrime international. Marcel Lazar Lehel s'est rendu célèbre en piratant les ordinateurs et leurs comptes personnels sur les réseaux sociaux de personnalités roumaines et américaines de la politique et du show-business. Il menait son activité souterraine depuis son village de Sambateni, dans l'ouest du pays. Son coup le plus spectaculaire est le vol de données personnelles de l'ancien président George W. Bush et d'une quantité impressionnante de photos privées. Une grande partie de ces clichés a été dévoilée en 2012 sur Internet. On peut notamment y voir l'ancien chef d'État en famille ou en train de peindre. La peinture est l'une de ses grandes passions et le hacker a dévoilé le goût particulier de W pour les autoportraits : de trois quarts dos sous la douche, ses jambes et ses pieds immergés dans la baignoire. Marcel Lazar Lehel se fait surnommer Guccifer, contraction de Gucci et Lucifer : « le style de Gucci et la lumière de Lucifer », a-t-il expliqué à des journalistes après son arrestation, en 2014, par la police roumaine, à son domicile de Sambateni.

En mars 2016, alors qu'il attendait d'être jugé par un tribunal américain, dans une prison de Virginie, il a affirmé avoir réussi à hacker le compte personnel de messagerie électronique d'Hillary Clinton, lorsque celle-ci était secrétaire d'État. Une affaire qui avait sérieusement compliqué la campagne présidentielle de la candidate et contribué pour une bonne part à sa défaite.

Le jeune Razvan Manole Cernaianu s'est également construit une légende. Originaire de Dobreta-Turnu Severin, dans le sud-ouest de la Roumanie, il n'avait que vingt ans lorsqu'il a été interpellé, en 2012, dans une opération menée conjointement par les autorités roumaines de lutte contre le cybercrime et le FBI. Sur Internet, où il était très actif, le hacker se faisait appeler TinKode. Dans sa jeunesse, pour s'amuser, ce passionné de code informatique avait réussi à faire tomber le site Web de la Royal Navy britannique. Il était aussi parvenu à pénétrer les systèmes d'information de la Nasa et de l'Agence spatiale européenne.

Razvan Manole Cernaianu a collaboré avec la justice. Il est aujourd'hui vu comme l'un des meilleurs experts du pays en cybersécurité et a cofondé une société dans ce domaine, à Bucarest. CyberSmartDefence, dont il est le directeur technique, est spécialisé dans les tests de pénétration pour évaluer la sécurité de sites Web ou de systèmes d'information.

Philippe Gaillard aime les récits de hacker, comme celui de TinKode. Des histoires qui se terminent bien. Cela fait plus de vingt ans qu'il évolue dans cet univers sombre et trépidant. Il n'a pas lui-même un profil de codeur fou ou de pirate. Il a plutôt l'itinéraire d'un entrepreneur. Expert-comptable de formation, il s'est mis à l'informatique par nécessité. Lorsqu'il était jeune, il s'est plongé dans le langage Cobol pour aider son père dans ses affaires. Et cet apprentissage l'a fait bifurquer de la comptabilité vers l'informatique. Il a créé sa première boîte de développement et d'assistance technique puis il s'est retrouvé à travailler à San Francisco, au cœur de l'industrie Internet naissante, à la fin des années 90.

Où qu'il soit dans le monde, Philippe Gaillard a pris une habitude qu'il considère comme indispensable à son hygiène de vie : une fois par semaine, il sort seul, pour faire connaissance avec de nouvelles personnes. Son tempérament affable lui facilite grandement la prise de contact. Un soir, dans un bar de San Francisco, il rencontre une dizaine de types plutôt marrants, une bande de trentenaires de toutes nationalités : ils sont originaires d'Argentine, de Turquie, de San Marin ou de France. Ils se revoient régulièrement, boivent des coups le soir, en semaine, organisent des barbecues le week-end. Petit à petit, la confiance s'installe, jusqu'au jour où ses jeunes camarades lui demandent des conseils et de l'aide. Les dix trentenaires sont en réalité des hackers de haut vol : Ils se connaissent et travaillent ensemble depuis une dizaine d'années. Leur savoir-faire, ils le monnayent au prix fort auprès de criminels, parfois de gouvernements qui utilisent leurs services de mercenaires…

La Californie grouille alors d'esprits brillants et rebelles, dignes héritiers des pionniers de la Silicon Valley dont les préceptes s'inspirent très librement de la culture beatnik mêlée à celle des premiers hackers. Ici, dans les années soixante-dix, avant même de créer Apple, Steve Jobs et son pote Steve Wozniak bricolaient des appareils pour téléphoner à volonté, gratuitement, sans être repérés. Inspiré des techniques développées par John Draper, un très célèbre pirate qui sévissait à l'époque, leur engin baptisé Blue Box est aujourd'hui exposé au musée de l'histoire de l'informatique, a Mountain View, au cœur de la Silicon Valley. Les deux compères auraient tiré environ 6 000 dollars de leur trouvaille qu'ils étaient parvenus à vendre par correspondance avant de se décider à stopper leur activité illicite, par crainte d'être arrêté par la police.

Les États-Unis sont incontestablement une grande nation de hackers. « Plus de 50 % des données volées sur Internet sont revendues aux États-Unis, ce qui laisse présumer que les vendeurs sont américains », explique le chercheur en cybersécurité Renaud Lifchitz.

Et cette tradition du hacking s'est perpétuée jusqu'à aujourd'hui dans la région de San Francisco : la Californie demeure un peu l'eldorado des hackers de tous poils, à condition de ne pas être pris. Les modérateurs et créateurs des plus grandes places de marchés de stupéfiants dans le Dark Web, Silk Road et AlphaBay opéraient leur plateforme depuis San Francisco, avant d'être interpellés par le FBI.

Les dix amis de Philippe Gaillard connaissent eux aussi la fragilité de leur position. Une seule imprudence, un petit instant d'inattention, peut leur valoir une condamnation à la prison à vie. Le Français connaît du monde, notamment au sein de la DCRI, l'actuelle Direction générale de la sécurité intérieure. Il joue les intermédiaires. Ses contacts au sein des services français bondissent de leur chaise quand ils découvrent la liste des pseudonymes des hackers que leur soumet leur sponsor. En quelques mois, les pirates seront débriefés. En échange de leur collaboration, ils seront remis dans le droit chemin par les services français et américains et Philippe Gaillard va créer plusieurs sociétés de technologie pour occuper sainement ses nouveaux protégés : GM Technology, Doc Center, Neocase Software… Certaines de ces entreprises restent sous le radar, en raison de la nature très sensible de leur activité en relation avec les services de renseignement occidentaux. Parmi les dix hackers de la bande de San Francisco, six font aujourd'hui du travail sur mesure pour des gouvernements dans des entités confidentielles.

Depuis 2010, Philippe Gaillard se consacre pleinement à l'accompagnement de jeunes start-up françaises dans l'univers de la cybersécurité. Il prodigue ses conseils aux jeunes entrepreneurs et donne un coup de main pour les levées de fonds à travers sa société CyberD. L'homme d'affaires fait partie de ceux qui pensent, dans les sphères économiques, militaires et politiques, que la France doit se doter d'un véritable écosystème d'entreprises dans le domaine de la cyberdéfense pour ne pas être totalement débordée par les hyperpuissances américaines et chinoises.

Et il demeure l'un des meilleurs observateurs des nouvelles tendances en matière de cybercriminalité. Depuis quelque temps, son attention se porte sur l'Albanie.

Quand il est question de mafias, on ne pense pas spontanément à ce territoire de 3 millions d'habitants posé au bord de la mer Adriatique, à quelques encablures des côtes italiennes. Vivant en quasi-autarcie depuis des décennies, il s'est ouvert subitement sur le reste de l'Europe après la chute du communisme, en 1990. Le pays est alors entré dans une période d'instabilité et d'anarchie. Plus de gouvernement ni d'autorité souveraine : la mafia albanaise est née sur ces champs de ruine démocratique. Et elle a prospéré en Europe et aux États-Unis de façon spectaculaire.

Ses méthodes expéditives semblent avoir surpris tous les acteurs classiques du crime organisé. Les familles italiennes ont apparemment renoncé à faire du business avec leurs homologues albanais : pas assez fiables et beaucoup trop violentes. Aux États-Unis, dans les années 1990, Alex Rudaj a développé une puissante organisation criminelle qui porte son nom. Lui et ses hommes la surnommaient également la « Sixième Famille », en référence aux cinq familles italiennes qui dominent historiquement la scène criminelle américaine. Arrêté par le FBI en 2004, alors qu'il avait trente-huit ans, il purge une peine de prison de trente-sept ans pour racket, extorsion et infraction à la législation sur les jeux de hasard.

La mafia albanaise est considérée aujourd'hui par les experts en criminologie comme l'une des plus prolifiques au monde. Elle est aussi devenue la source de tous les fantasmes et de mythes inspirant auteurs de thrillers et éditeurs de jeux vidéo. Les méchants y sont souvent incarnés par un chef de gang albanais sanguinaire. Au printemps 2015, un curieux commerce en ligne s'est ouvert sur le darknet : la Besa Albanian Mafia proposait tout bonnement un service de tueurs à gage sur commande. Simple, pratique et supposé anonyme : la proposition semblait alléchante pour les âmes vengeresses en quête d'une solution radicale à leur tourment… Le site Web en question a été piraté par de vrais hackers qui ont pu démontrer que ce service était un faux : une très mauvaise plaisanterie ou une machination pour piéger des clients aux intentions criminelles.

Pour autant, les ambitions cyber des gangs mafieux albanais et kosovars ne doivent pas être sous-estimées. Une quinzaine de clans seraient aujourd'hui actifs dans les deux pays présents dans pratiquement tous les compartiments du crime organisé : prostitution, trafic d'armes, de drogue, d'êtres humains et de voitures, corruption, assassinats... Et depuis quelques années, les familles albanaises ont visiblement investi le cyberespace.

Cette incursion peut surprendre : selon les études récentes réalisées par l'Union internationale des télécommunications, l'Albanie posséderait l'une des plus mauvaises infrastructures d'accès à Internet en Europe et même dans le monde. Mais cela n'empêche pas ses gangs de mafieux de louer les services de cyber-mercenaires pour mener à bien certaines de leurs opérations clandestines. Et certains de leurs codeurs sont apparemment très efficaces. Un groupe hacktiviste musulman se faisant appeler Kosova Hacker's Security a sévi sur Internet à partir de 2012, visant des sites privés ou gouvernementaux en Serbie, en Grèce, en Ukraine ou en Israël. Il serait notamment à l'origine des attaques menées contre le site Web d'Interpol à l'aide de plusieurs centaines de botnets, en octobre 2012, en protestation contre des opérations prétendument « anti-islamiques » menées par l'organisation. Le groupe serait aussi lié aux actions de piratage menées contre le site de recherche et développement d'IBM, les services de police ukrainiens et les services publics américains de météorologie.

Son chef présumé, Ardit Ferizi *alias* Th3Dir3ctorY, a été arrêté et condamné, fin 2016, par la justice américaine à une peine de vingt ans de prison. Il est accusé d'avoir volé les données personnelles de plus d'un millier de soldats américains et de les avoir communiquées à un représentant de l'État islamique, probablement en vue de leur exécution par des tueurs de l'organisation terroriste. Plus largement, le FBI soupçonne certaines des familles mafieuses albanaises et kosovares de financer des opérations dans le cyberespace en soutien de l'activité de Daesh. Cette affaire intéresse en tout cas beaucoup les spécialistes en cybersécurité car elle constitue l'un des rares cas avérés de hacking à des fins terroristes.

Mais pour le Français Philippe Gaillard, les ambitions de ces clans albanais et kosovars seraient beaucoup plus vastes encore. Selon lui, cette mafia des Balkans investirait actuellement des centaines de millions de dollars dans le piratage des nouvelles intelligences artificielles. « Comme tous les hackers, ils ont une contrainte de retour sur investissement », explique-t-il. Et dans l'un des scénarios que cet expert échafaude, une organisation pourrait pirater les algorithmes d'Amazon, le géant du cybercommerce, dont la place de marché accueille des dizaines de milliers de marchands partenaires. En prenant le contrôle de l'intelligence artificielle du géant du Web, cette organisation criminelle pourrait se lancer dans un business très fructueux en proposant aux marques et commerçants présents sur la market place de les mettre en position très visible sur le site, en tête de gondole virtuelle, et de prélever sa commission de 20 % sur tous les profits ainsi générés. Et il ne s'agit là que d'une hypothèse relativement inoffensive parmi des milliers d'autres sur ce que pourraient envisager des hackers en détournant une intelligence artificielle de sa mission initiale.

L'intérêt des bandes mafieuses pour la chose technologique n'est pas nouveau. Les cartels de la drogue colombiens puis mexicains sont parmi les tout premiers à s'être dotés d'équipes de spécialistes cyber. Au départ, il s'agissait surtout de constituer une infrastructure de communication parallèle pour organiser en toute discrétion leurs opérations de transport des cargaisons, mais également pour surveiller les allées et venues des militaires ou des officiers américains de l'agence pour la lutte contre les stupéfiants, la DEA. Les enquêteurs chargés de traquer les bandes de trafiquants dans la région ont vite trouvé un surnom à ces systèmes de communication privés : Radio Narcos.

Au cours des dernières années, les gangs mexicains se sont montrés particulièrement actifs et inventifs dans ce domaine. Notamment le Cartel del Golfo et Los Zetas, deux des plus grosses organisations criminelles du pays. Leurs dirigeants ont bien compris tout l'intérêt qu'ils pouvaient tirer d'une présence dans le cyberespace. Ils ont toutefois été rapidement confrontés à un gros problème de communication et, partant, de recrutement. Difficile de passer des petites annonces dans les journaux ou de participer aux carrefours des métiers dans les écoles d'ingénieurs pour débusquer les jeunes talents. Les cartels de la drogue mexicains n'ont pas les mêmes attraits qu'un Facebook ou un Google. Ils se sont donc rabattus sur la manière forte. Les compétences et le savoir-faire, ils sont allés les débusquer directement dans les entreprises.

Comme l'aurait fait n'importe quel cabinet de chasseur de têtes, ils ont repéré les meilleurs experts dans les domaines des télécommunications, de la programmation logicielle, voire de la communication digitale. Mais la comparaison s'arrête là. Pas de prise de contact discrète, ni de rendez-vous pris dans le bar à cocktails tranquille d'un hôtel de luxe. Encore moins de discussions sur la rémunération ou sur les avantages en nature. Les trafiquants ont eu recours à l'une de leurs techniques favorites : le kidnapping. Ces experts sont devenus les esclaves des narcos. Entre 2008 et 2015, une quarantaine de spécialistes en technologies de l'information ont ainsi subitement disparu de la circulation, selon Animal Politico, un site indépendant de journalisme d'investigation installé à Mexico. Les profils des victimes sont très variés : en 2009, par exemple, c'est une équipe d'une dizaine de personnes qui s'est évaporée. Toutes étaient des spécialistes de réglages d'antennes pour les réseaux cellulaires. Leurs camionnettes et tout leur matériel ont disparu en même temps qu'eux.

Les narcos sont aussi à la recherche d'experts en rétro-ingénierie. Un savoir-faire qui peut leur être très utile pour retrouver leurs ennemis, notamment les journalistes un peu trop curieux. En 2013, ils sont ainsi parvenus à remonter jusqu'à l'un des auteurs du Blog del Narcos, l'un des sites les mieux informés sur la guerre des stupéfiants au Mexique. L'homme a juste eu le temps de donner l'alerte par téléphone à sa partenaire avant de s'évanouir. Personne n'a plus jamais entendu parler de lui, mais le blog des narcos, lui, est toujours en activité.

Ces cyberesclaves sont aussi mis à contribution pour soigner la communication des membres des cartels et de leurs produits. Il y a quelques années, ceux-ci étaient très présents sur les réseaux sociaux, notamment Facebook et Twitter. Leur popularité n'avait rien à envier à celle des stars américaines de la musique électro. Ces années d'insouciance et d'impunité sont révolues. Les géants de l'Internet se sont finalement décidés à faire le grand ménage parmi leurs utilisateurs. Et les cybernarcos mexicains se sont réfugiés dans les profondeurs du darknet. Ils utilisent désormais le réseau TOR pour anonymiser leurs connexions et ont recours aux cryptomonnaies pour faire circuler leurs revenus et blanchir plus facilement l'argent de la drogue.

En comparaison de ce déchaînement de brutalité, les communautés de hackers argentins peuvent apparaître comme des modèles de vertus. Buenos Aires, la capitale, grouille aujourd'hui de geeks, de nerds et de tout ce qui compose la garde avancée d'une start-up nation. Depuis une quinzaine d'années, au mois d'octobre, s'y tient l'un des rassemblements de hackers les plus prisés de l'hémisphère Sud : l'EkoParty. Le gotha des codeurs et développeurs de la nation s'y retrouve et se confronte, durant quelques jours, à ses homologues du reste du monde. On échange méthodes et pratiques. Les grands groupes de la Silicon Valley y envoient leurs recruteurs pour tenter d'attirer ces prodiges dans leurs rangs. Un véritable écosystème s'y développe depuis quelques années, mais pour beaucoup d'entre eux, le cybercrime reste encore la voie la plus facile vers la fortune. « Ils sont très bons et savent se montrer très discrets, raconte un expert français en cybersécurité. Ce sont des spécialistes de l'infiltration, ils vendent leurs services sur les plateformes du Dark Web. »

Au Nord, leurs voisins brésiliens se sont spécialisés dans des campagnes de piratage beaucoup plus spectaculaires : ici les hackers ont acquis une excellente réputation mondiale dans le domaine des fraudes bancaires et des attaques contre des institutions financières. Cette expertise ne doit rien au hasard. Dans un rapport publié en 2016, la société de cybersécurité TrendMicro explique ce phénomène comme le résultat d'une évolution historique. Le Brésil est en effet à la pointe de l'innovation dans le domaine de la banque en ligne depuis la fin des années 80. Et les pirates informatiques vont toujours au plus simple :

là où se trouve l'argent. En se posant en pionnier de la bancarisation digitale, les autorités brésiliennes ont également généré la menace qui va avec. Le pays est aujourd'hui internationalement reconnu pour le savoir-faire particulier de ses hackers : il se passe rarement un mois sans qu'une banque y soit la cible d'une nouvelle attaque.

Cette géographie du cybercrime correspond à une stricte réalité de la situation socio-culturelle sur le terrain, dans le monde réel. « En Russie, ou en Afrique, beaucoup de jeunes bénéficient d'un niveau d'éducation élevé, mais ils ne trouvent pas de travail dans leur domaine de compétence », observe le colonel Freyssinet. L'officier observe tout particulièrement les évolutions sur le continent africain où les populations s'emparent à grande vitesse des nouveaux outils digitaux. À Minsk, Buenos Aires ou Abidjan, la ritournelle reste la même : le cybercrime demeure l'une des voies les plus rapides et les plus sûres pour s'enrichir.

Le chef de la Mission numérique de la gendarmerie nationale sait bien que la répression ne suffira jamais à changer la donne. Il prône une collaboration étroite avec les autorités de ces pays d'où émerge aujourd'hui la cybermenace. Et venant de l'Afrique, le risque est très clairement identifié : le scam 4-1-9. Derrière ce sigle barbare se dissimule l'une des plus vieilles escroqueries remise au goût du jour. En anglais, *scam* signifie arnaque. Le chiffre 419 correspond à l'article du Code pénal du Nigéria sanctionnant ce type de crime. Les ambassades américaines dans les pays d'Afrique de l'Ouest s'avouent totalement dépassées par la demande et incapables de répondre aux innombrables quêtes et plaintes de citoyens américains piégés, souvent désespérés.

L'arnaque est ancienne et sévissait déjà au début du XXe siècle en Amérique du Nord. L'embrouille se propageait alors par voie postale et reposait sur un principe simple : donnez-moi de l'argent pour que je puisse vous verser des millions en retour. L'escroquerie par avance sur frais. Le schéma s'articule souvent autour d'une importante somme bloquée quelque part dans un pays lointain, et il suffit de peu de chose pour la récupérer : quelques milliers de dollars et un avocat pourront alors rapidement entreprendre les démarches nécessaires afin de libérer le magot. Une généreuse commission sera versée au gogo qui aura eu la faiblesse de sa crédulité. Le magot en question n'a bien sûr jamais existé et des milliers de personnes dans le monde se sont fait berner. Mais l'escroquerie a continué à rapporter des petites fortunes à leurs auteurs, sous ses différentes variantes. Histoires d'amour compliquées, offres de locations véreuses, propositions d'emploi bidon… L'imagination criminelle est toujours sans limites.

Grâce à Internet, des gangsters nigérians sont parvenus à industrialiser la technique en limitant au maximum son coût et son risque pour l'auteur. Mieux encore, avec un minimum d'ingénierie sociale, les bandits sont parvenus à personnaliser leurs annonces en délivrant leurs messages avec une identité paraissant authentique. Dans une étude publiée en 2017, Interpol et la société Trend Micro ont mis en lumière l'incroyable propagation de ce type de criminalité à toute la région de l'Afrique de l'Ouest. Les scammers nigérians ont essaimé au Bénin, en Côte d'Ivoire, ou en Mauritanie. Entre 2013 et 2015, le nombre de cyberescroqueries signalées aux autorités ont augmenté de 132 %. Et seuls 30 % des plaintes donnent finalement lieu à des arrestations.

Les criminels cherchent avant toute chose à ferrer leur victime, une personnalité faible, crédule, prête à se démener pour venir en aide à une relation qu'elle croit dans le besoin, vivre une grande histoire d'amour ou toucher le jackpot. Une fois le contact établi, le processus est en marche et les arnaqueurs savent exactement comment convaincre leur cible, comme le boa entourant sa proie jusqu'à l'étouffer.

Commence alors le défilé de photos, documents et messages envoyés par courriels pour habiller la réalité. Ils opèrent le plus souvent à partir de cafés Internet pour préserver leur anonymat. Ils utilisent des téléphones mobiles bon marché achetés au coin de la rue et communiquent avec des cartes SIM prépayées, puis se débarrassent du tout, une fois leur communication terminée. Quand leurs victimes se décident à payer, ils leur demandent de réaliser le virement *via* les réseaux Western Union ou MoneyGram – très utilisés aux

États-Unis – qui possèdent des agences partout dans le monde, où les scammers pourront facilement récupérer l'argent en liquide. Dans certains pays, comme la Côte d'Ivoire, il est presque impossible de retrouver la trace de l'auteur d'un retrait.

Et le taux de succès de campagnes de scam semble dépasser l'imagination. Les ambassades américaines dans la région évoquent même des cas où les scammers ont réussi à attirer leurs victimes en Afrique de l'Ouest où elles ont été enlevées afin de pouvoir réclamer une rançon à leurs proches. Certaines ont finalement été exécutées.

Ce qui inquiète beaucoup les services de police européens et américains, c'est la montée en sophistication des techniques employées par ces cybercriminels. Quand ils ont commencé à se faire connaître avec leurs premières arnaques grossières, au début des années 2000, les scammers nigérians avaient gagné le surnom presque sympathique de « Yahoo Boys », parce qu'ils utilisaient les outils de communication du portail Internet pour commettre leurs méfaits. Leurs techniques sont assez rudimentaires. La réussite est plutôt aléatoire, mais le butin à la clé est loin d'être négligeable. L'un de ces délinquants, Akpaikpe Etim, âgé d'une trentaine d'années, a été arrêté en novembre 2017 dans la capitale nigériane. Sa spécialité était la vente sur Internet de chiens de race inexistants. Et le business marchait plutôt bien : les enquêteurs ont saisi cinq propriétés lui appartenant dans les environs de Lagos.

Depuis quelques années est apparue une nouvelle génération de délinquants, mieux organisés, plus déterminés et nettement mieux équipés technologiquement. Les spécialistes les ont baptisés les Next Level Cybercriminals. Leurs attaques sont beaucoup plus élaborées. Ils semblent notamment avoir acquis une certaine expérience dans l'arnaque au président. Ils parviennent aussi à installer des malwares sur les ordinateurs de leurs victimes et utilisent ensuite des logiciels de reconnaissance de frappe, ou des chevaux de Troyes qui leur permettent de prendre le contrôle à distance des machines de leurs cibles. Ils font également dans le phishing et construisent de faux sites Web de banques ou de commerçants où ils attirent leurs victimes, particuliers ou entreprises.

Certains gangs d'Afrique de l'Ouest opèrent simultanément plusieurs centaines de ces sites bidons simultanément. À bien des égards, leurs pratiques se rapprochent de celles utilisées par les groupes de hackers d'Europe de l'Est et notamment celui du gang Avalanche, ainsi surnommé par les experts en cybersécurité pour la déferlante de messages pourris qu'il était capable d'adresser. En 2009, avant d'être démantelée par les services de police européens, sa plateforme était responsable de 66 % des attaques de phishing sur Internet.

La France et les pays francophones sont aux premières loges face à la montée en puissance de ces cyberattaques venues d'Afrique de l'Ouest. En 2050, selon diverses études, les francophones constitueront 8 % de la population mondiale. Deux fois plus qu'aujourd'hui. Le colonel Freyssinet prône « une vraie solidarité internationale » sur ces questions. « L'économie numérique va continuer de se développer rapidement et ces pays vont être frappés de plus en plus souvent par des délinquants. Il est important que nous soyons à leurs côtés. »

Cet atlas des cybercriminalités est évidemment en mutation constante. L'essor des cryptomonnaies a récemment fait émerger de nouvelles zones très sensibles en Asie. L'activité de minage de ces monnaies nécessite des puissances de calcul phénoménales, qui elles-mêmes impliquent une consommation d'énergie colossale. Sous embargo depuis des années, la Corée du Nord a trouvé un débouché profitable à ses importantes réserves de charbon qu'elle n'a plus le droit d'exporter. Une initiative originale, mais qui reste très modeste en comparaison de la puissance de feu développée par les Chinois, en Mongolie-Intérieure. Il y a une dizaine d'années, après l'effondrement de la consommation de charbon en Chine, le bassin minier d'Ordos est devenu la plus grande ville fantôme du monde. D'immenses lotissements de maisons et de tours d'habitation ont été désertés par la population qui a migré vers le sud et ses nouvelles zones d'activités industrielles. Les autorités locales ont tout fait pour se montrer accueillantes et généreuses envers ceux qui choisiraient de s'installer dans cette région austère. En 2018, Ordos est ainsi devenu le premier centre mondial de production de Bitcoins. Ses immenses fermes de serveurs tournent 7 jours sur 7, et 365 jours par an, grâce aux vastes gisements de charbon de la région. Cette infrastructure géante constituée par des investisseurs privés permet à l'empire du Milieu de disposer de la majorité des capacités mondiales de production, selon le Cambridge Center for Alternative Finance. Et de contrôler aussi, par conséquent, la plus grosse machine de la planète à blanchir de l'argent sale.

Parmi toutes les grandes puissances mondiales, le colonel Freyssinet observe qu'il en est une qui reste étonnamment étrangère à ces activités criminelles dans le cyberespace, bien qu'elle soit devenue un acteur incontournable de l'économie numérique : l'Inde. Malgré ses centaines de millions d'informaticiens travaillant dans les grands centres d'outsourcing de Mumbai, Bengalore ou Hyderabad, le pays n'a jamais eu de grand hacker internationalement admiré par ses pairs ou de groupe de cyberguerriers, sponsorisé par l'État. Pour Paul Hermelin, le P.-D.G. de Capgemini, un Indien ne peut tout simplement pas être un hacker. La société de services française emploie plus de 70 000 personnes dans ce pays qu'il a appris à connaître et à apprécier. Selon lui, le piratage informatique est incompatible avec la culture et la société indiennes dont les principes de vie s'opposent radicalement à l'individualisme qui prédomine dans nos sociétés occidentales. Les autorités indiennes ont aussi décidé très tôt de s'emparer des nouvelles technologies pour en faire un instrument puissant de réussite sociale. La patrie de Gandhi a ainsi réussi à relever le défi qu'aucune autre nation n'est véritablement parvenue à gagner à ce jour : civiliser et pacifier le cyberespace.

ÉPILOGUE

Dans les années 90, aux débuts de l'informatique personnelle, une plaisanterie circulait pour railler les gros et petits dysfonctionnements de Windows, le programme de Microsoft : si l'industrie aéronautique s'était développée dans les mêmes conditions que l'industrie informatique, en mettant sur le marché des produits qui ne sont pas totalement stables, un avion s'écraserait toutes les minutes.

Fort heureusement les plantages d'un ordinateur n'ont pas de conséquences aussi meurtrières qu'un crash aérien. À ce jour, les attaques exploitant ces bugs informatiques n'ont jamais directement provoqué la perte de vies humaines, mais depuis vingt ans, l'industrie high-tech n'a pas corrigé ses mauvaises habitudes : dans la course à l'innovation, la sécurité passe souvent au second plan. Start-up et grands groupes privilégient la vitesse et la mise à disposition de leurs produits sur le marché. La protection contre les menaces extérieures est encore souvent vue comme contre-productive par ces entreprises qui jouent parfois leur survie sur un lancement commercial.

À l'autre bout de la chaîne, le consommateur ne se sent pas plus concerné. Très rares sont ceux à se préoccuper de savoir si une faille de sécurité dans leur téléviseur ou leur imprimante connectés peut permettre de lancer une attaque contre les systèmes d'information du Pentagone.

Entre les concepteurs et les utilisateurs de ces produits et services, un énorme business de la cybersécurité est en train de naître, profitant de la négligence des uns et de l'ignorance des autres. Opportunistes ou activistes, entrepreneurs ou hackers, ces experts ont en tout cas fait bouger les mentalités ces dernières années. Les dirigeants politiques et économiques commencent à comprendre les enjeux de ce fléau. L'humanité n'est pas à l'abri d'un grand soir numérique.

Cet ouvrage a été composé par LUMINA DATAMATICS,INC.

Imprimé en France par CPI
en septembre 2018

pour le compte des Éditions J.-C. LATTÈS
17, rue jacob – 75006 Paris

N° d'édition : 01. – N° d'impression : 2039113
Dépôt légal : septembre 2018